Ché Ahn
Feuer der Erweckung

Ché Ahn

Feuer der Erweckung

Titel der Originalausgabe:
Into The Fire

© 1998 by Ché Ho Ahn
Published by GLINT, P.O. Box 4060,
Ontario, CA 91761-1003, USA

© 2001 der deutschen Ausgabe
by Gerth Medien GmbH, Asslar
1. Auflage 2000

ISBN 3-89490-331-7

Auf der Grundlage der neuen Rechtschreibregeln.

Die Bibelstellen wurden, wenn nicht anders angegeben,
der »Gute Nachricht Bibel« entnommen.

Übersetzung: Marita Wilczek
Umschlaggestaltung: Hanni Plato
Satz: Nicole Schol, Projektion J Verlag
Druck und Verarbeitung: Ebner Ulm

Nachdruck, auch auszugsweise, nur mit Genehmigung des Verlages.

*Für meine wundervolle Frau Sue
und für meine
vier großartigen Kinder
Gabriel, Grace, Joy und Mary*

Inhalt

Vorwort....................................... 9

Dank 13

Einleitung..................................... 15

Kapitel 1
Erneuert 25

Kapitel 2
Harvest Rock: Eine Gemeinde wird geboren 45

Kapitel 3
Die prophetische Gemeinde 58

Kapitel 4
Eine Vision für die Welt 76

Kapitel 5
Bemerkenswerte Heilungen 89

Kapitel 6
Vollmächtige Evangelisation 102

Kapitel 7
Ein Haus des Gebets für alle Völker............. 115

Kapitel 8
Ein neuer Geist der Einheit..................... 129

Kapitel 9
Versöhnung 145

Kapitel 10
Erweckung des Herzens 159

Kapitel 11
Der Kreislauf der Erweckung................... 187

Anmerkungen 206

Vorwort

Wir befinden uns gerade mitten in einer Zeit, in der der Heilige Geist Unglaubliches bewirkt! Am 20. Januar 1994 explodierte unsere Gemeinde geradezu durch eine Berührung Gottes, und seither erleben wir, wie dasselbe auch bei verschiedenen anderen Völkern überall auf der Erde geschieht. Viele Menschen beschreiben dieses Wirken des Geistes als »Erneuerung«, während andere von »Erweckung« sprechen. Wie auch immer wir dieses Ehrfurcht erweckende Handeln Gottes bezeichnen: Es fesselt die Herzen der Menschen. Sie hören nicht auf, uns hier in Toronto und an vielen anderen Orten – wie Pasadena in Kalifornien – zu besuchen, weil sie sich nach *mehr* von ihm sehnen. Tausende bezeugen eine dynamische Veränderung und den Segen Gottes in ihrem Leben.

Mein Freund Ché Ahn gibt in diesem Buch aufschlussreiche Einblicke in seine Erfahrungen mit der Erneuerung. Er beschreibt, wie sie sein Leben, seinen Dienst und sogar seine Ehe verändert hat. Seit 1994 hat er einige erstaunliche Dinge erlebt und sein Bericht wird Sie inspirieren und ermutigen. Doch obwohl wir uns in einer Erweckung befinden, haben Ché und ich, wie auch viele andere Christen, Sehnsucht nach mehr und strecken uns im Glauben danach aus. Wir wollen erleben, dass mehr Menschen Erlösung finden, dass mehr Heilungen geschehen und dass das Königreich Gottes so sehr wächst, dass eine deutliche soziale Veränderung unserer Gesellschaft die Folge ist. Ché gibt in seinem Buch wertvolle Einblicke, wie dies geschehen kann.

Ich hatte das Vorrecht, Hunderte von Gemeinden in aller Welt zu besuchen, die den »Strom« willkommen heißen. Unter den vielen christlichen Leitern, die ich inzwischen kenne, schätze ich Ché als einen Leiter, der die Erneuerung pastoral besonders gut begleitet hat. Seine Gemeinde ist seit ihrer Entstehung 1994 beträchtlich gewachsen und stellt ein einzigartiges Beispiel dafür dar, wie Gott »neue Weinschläuche« für diese Ausgießung schafft.

Besonders Pastoren werden sich mit diesem Buch identifizieren können, weil Ché nicht nur über die Erfolge seiner Berufung berichtet, sondern auch die Fehlschläge und Enttäuschungen all der Jahre im pastoralen Dienst nicht unerwähnt bleiben lässt. Darüber hinaus verknüpft er seine Aufzeichnungen mit biblischen Prinzipien, die andere Leiter befähigen können, dieses Wirken Gottes in effektiver Weise pastoral zu begleiten, um wirklich Erneuerung und Wachstum zu erleben.

Auch jeder »normale« Christ, der einfach Hunger nach mehr von Gott hat, wird in diesen Kapiteln Ermutigung finden, und dasselbe gilt für alle, die mit Eheproblemen oder anderen Beziehungskonflikten zu kämpfen haben. Eindrucksvoll schildert Ché die verändernde Kraft der Versöhnung in der Beziehung zu seinem Vater und in seiner eigenen Ehe. Die Prinzipien der Heilung, die er aus dem Dienst von John und Paula Sandford weitergibt, haben nicht nur Tausende von Christen in aller Welt befreit und ermutigt, sondern auch meine eigene Beziehung zu meiner Frau Carol verändert.

Eine Fülle neuer Bücher handeln von Erweckung

und viele von ihnen sind beachtenswert. Dennoch gehört dieses Buch meiner Meinung nach zu den wichtigsten, weil Ché als Theologe und Akademiker hier keine Theorie darlegt, sondern als jemand schreibt, der ein ungewöhnliches Wirken des Heiligen Geistes erlebt hat und noch erlebt. Ich glaube, dass sein Buch ein weiterer Katalysator sein wird, der die Flammen der Erweckung weiter in der Welt ausbreitet.

John Arnott
leitender Pastor der *Toronto Airport Christian Fellowship* in Toronto, Kanada

Dank

Ohne nun besonders geistlich klingen zu wollen, möchte ich meinem himmlischen Vater für die Art danken, wie er mir die Anregung zu diesem Buch gab und mir beim Schreiben half. Es war und ist für mich selbst eine von kleinen und großen Wundern begleitete Reise.

Dir, Sue, danke ich, dass du mich liebst und zu mir stehst. Dankbar bin ich auch für deine besondere Hilfe beim Schreiben des Kapitels über uns. Unseren Kindern danke ich für die Unterstützung und die Bereitschaft, ihr Leben selbstlos mit anderen zu teilen.

Meiner Assistentin Bessie Watson möchte ich für ihre hervorragende Arbeit bei der Überarbeitung des Manuskripts Dank und Anerkennung aussprechen; dieselbe dankbare Anerkennung gilt meiner Mitarbeiterin Audrey Eckhardt für ihre ständige Aufmerksamkeit und Hilfsbereitschaft. Cindy Jakobs danke ich für das Wort, durch das sie mich zum Schreiben dieses Buchs ermutigt hat.

Ich werde nie vergessen, wie Gott die Ereignisse in Portland, Oregon, lenkte und mich mit meinem Verlag *Regal* in Kontakt brachte. Euch, Kyle Duncan und Bill Greig III, bin ich dankbar, weil ihr an mich und an dieses Buch geglaubt habt. Mein besonderer Dank gilt auch Virginia Woodard und David Webb, den Herausgebern der Verlage *Regal Books* und *Renew Books*.

In besonderer Weise danke ich meinem Vater, Pastor Byung Kook Ahn, und meiner Mutter, Young Sook Ahn, für alles, was ihr mir gegeben und in mein Leben hineingesprochen habt, und für eure Zustimmung zu dem Kapitel über uns.

Nichts in meinem Leben wäre lesenswert ohne die vielen unglaublichen Männer und Frauen Gottes, die so viel in mich investiert und meine Berufung in Christus in all den Jahren begleitet haben, sei es als Mentoren, als Sohn oder Bruder, die mich zur Nachfolge Christi angespornt haben, oder als Sprecher in unseren Konferenzen, die die Vision Gottes, zu der wir als Gemeinde berufen sind, belebt und gefördert haben. Ihnen allen werde ich immer dankbar sein. Besondere Anerkennung möchte ich meinen geistlichen Mentoren Larry Tomczak, Winkie Pratney, Peter Wagner und Jack Hayford aussprechen.

Am meisten danke ich den großartigen Mitgliedern der *Harvest Rock Church* und ihren Pastoren – Lou und Therese Engle, Rick und Pam Wright, Jeff und Joan Wright, Jim und Laura Johnson, Karl und Debbie Malouff, Carlos und Brenda Quintero sowie Paul und Catherine Lee –, denn ohne euch gäbe es nichts, worüber ich hätte schreiben können.

Ché Ahn

Einleitung

Mit diesem Buch möchte ich Ihnen die Reise eines Menschen durch eine Erweckung schildern – eine Erweckung, die eine neue Gemeinde, eine neue Bewegung, einen neuen Menschen, eine erneuerte Ehe, neue Motivation und eine verzehrende, neue Leidenschaft für Erweckung an sich hervorgebracht hat.

In der Vergangenheit wurden die Begriffe »Erneuerung« und »Erweckung« oft austauschbar verwendet. Aber für die Bedürfnisse dieses Buchs habe ich beschlossen, ihre Bedeutung zu differenzieren.

Als »Erneuerung« bezeichne ich eine souveräne Erfrischung, die Gott seiner Gemeinde und allen Menschen schenkt, die ihr schon angehören. Diese Erneuerung ist herrlich, notwendig und willkommen. John Arnott sagt darüber:

»Diese Bewegung des Geistes dient an erster Stelle der Erneuerung und Erfrischung von Christen, die so herausfinden, welch einen wunderbaren und liebevollen Erlöser wir haben; an zweiter Stelle dient sie dazu, unseren Nächsten zu lieben – Evangelisation.«[1]

»Erweckung« ist dann die Ausbreitung dieser Welle des Heiligen Geistes auf die ganze Umgebung. Wenn sie eintrifft, kommt es zu einem geistlichen Aufbruch und ungewöhnlich viele Nichtchristen werden in relativ kurzer Zeit in das Königreich Gottes integriert. Alles ändert sich. Gott wird zum Mittelpunkt einer ganzen Stadt oder sogar eines ganzen Staates. Das ist es, wonach ich mich sehne. ERWECKUNG in Großbuchstaben. Eine historische Erweckung, die eine ganze Nation verändert.

Winkie Pratney fasste mehrere ausgezeichnete Definitionen einiger Theologen in seinem Buch *Revival: Its Principles and Personalities* zusammen.[2]

- Die erweckte Gemeinde wird – ob durch viele oder durch wenige – bewegt, sich in Evangelisation, Lehre und Gesellschaft zu engagieren. (J. Edwin Orr)
- Eine von Gott durch und durch erfüllte Gemeinde. (Duncan Campbell)
- Eine Erweckung muss sich unabdingbar auf eine ganze Stadt oder Region (englisch: *community*) auswirken, und dies ist wiederum das Merkmal, an dem wir sie von einem gewöhnlicheren Handeln des Heiligen Geistes unterscheiden können. (Arthur Wallis)
- John Dawson hebt hervor, dass der Begriff *community* (Gemeinschaft, Gemeinde oder Gemeinwesen) heute Menschen in einem Umkreis von Hunderten oder sogar Tausenden von Kilometern umfassen kann, die durch einen gemeinsamen Auftrag oder durch gemeinsame Kommunikation verbunden sind.

Meine Leidenschaft für Erweckung

Obwohl ich mich als Teenager mit Drogen voll stopfte und ausgelassene Partys feierte, blieb ich innerlich leer, ziellos und verloren. Dann lernte ich durch eine historische Erweckung, die als »Jesus-Bewegung« bezeichnet wird, Jesus kennen.

Vielleicht ist das der Grund, warum ich Erweckung so liebe und mich leidenschaftlich nach einer weiteren Berührung durch den Heiligen Geist sehne, die erneut viele junge Menschen in sein Königreich führen und ihr Leben von Grund auf verändern wird. Bei meiner Umkehr ging es um mehr als nur um »Kirche« und ein System von Regeln, die man einzuhalten hat; es war eine radikale Umkehr und eine Begegnung mit einem lebendigen Gott, die zu einer Beziehung mit Jesus führte; und diese Beziehung verwandelte jede Faser meines Seins und gab mir einen völlig anderen Lebenssinn.

Viele andere glauben mit mir, dass erneut eine Erweckung unmittelbar bevorsteht. Die meisten glauben wie ich, dass diese Erweckung größer sein wird als jede andere in der gesamten Geschichte der Kirche.

Zeichen der Erweckung

Was sind Anzeichen dafür, dass mit einer Erweckung zu rechnen ist?

Erstens gab es nie zuvor eine so *große Gebetsbewegung* in den Vereinigten Staaten und überall in der Welt, wie wir sie heute erleben. John Wesley sagte einmal: »Alles durch Gebet und nichts ohne Gebet.« Gebet muss jeder großen Erweckung vorausgehen und wird jetzt in christlichen Kreisen zunehmend immer wichtiger. Nie zuvor haben so viele Organisationen, so viele Denominationen und so viele Netzwerke sich der Aufgabe des Gebets und vor allem der gemeinsamen Fürbitte gewidmet.

Ich stimme der ermutigenden Feststellung Dr. C. Peter Wagners zu, der die Auffassung vertritt: »Wir, die wir heute leben, haben das Vorrecht, in der größten weltweiten Gebetsbewegung zu leben, die das Christentum je erlebt hat.«[3]

Denken Sie nur an den historischen Augenblick, als sich am 4. Oktober 1997 mehr als eine Million Männer aller Rassen und Gesellschaftsschichten in Washington in der einzigen Absicht versammelten, Buße zu tun und zu beten. Gebetsinitiativen und Arbeitsgruppen sind zu Tausenden überall im Land entstanden und fördern Konferenzen, Tagungen, Gebetsschulen und Ähnliches. Menschen wie Dr. C. Peter Wagner von *Global Harvest Ministries* leisten einen enormen Beitrag zur Mobilisierung und Zurüstung Tausender zur Fürbitte für Erweckung und eine weltweite Ernte.

Außerdem umspannen diese Initiativen den gesamten Leib Christi und schließen Christen verschiedener Denominationen ein, wie zum Beispiel den Evangelikalen Dr. Bill Bright von *Campus Crusade for Christ*. Dr. Bright rief zwei Millionen Christen auf, vor dem Jahr 2000 40 Tage lang zu beten und zu fasten.[4] Während meiner Reisen und in dem vielfältigen Informationsmaterial des christlichen Netzwerks, das ich lese, habe ich nie von so vielen Menschen gehört oder Christen getroffen, die für Erweckung fasten und beten.

Zweitens lässt sich beobachten, dass es in einem bislang beispiellosen Ausmaß zur *Versöhnung und Einheit unter den Gliedern des Leibes Christi* kommt wie nie zuvor. Wir beobachten, wie Einzelpersonen und ethnische Gruppen einander vergeben und sich zusammenschließen, wie Pastoren, Denominationen und Bewegungen eins werden und wie sich das geistliche Klima ganzer Städte verändert. Danken wir Gott für die *Promise Keepers* und für Leiter wie John Dawson, Jack Hayford, Ed Silvoso, Cindy Jakobs und Ted Haggard, die sich in der christlichen Gemeinschaft für Heilung und Versöhnung einsetzen.

Drittens erleben wir nun die *ersten Anfänge der Ernte*. Viele waren begeistert, als 1995 in der kleinen kalifornischen Stadt Modesto bei der Aufführung des Stückes *Heaven's Gates, Hell's Flames* 33 000 Menschen zum Glauben an Christus kamen. Gemeinden wie *Willow Creek* in Chicago und die *Saddleback Community Church* in Saddleback, Kalifornien, erleben ein explosives Wachstum, weil immer mehr Menschen zum Glauben kommen. In Erweckungszentren wie der *Brownsville Assembly of God* in Pensacola, Florida, wurden allein in den ersten drei Jahren seit dem Vatertag 1995 mehr als 100 000 Menschen in den Versammlungen errettet. Inzwischen ist diese Zahl längst überholt und bis zur Veröffentlichung dieses Buches wird sie sich weiter erhöht haben!

Das vierte Zeichen ist die Tatsache, dass auch die *weltweite Gemeinde seit Januar 1994 eine ungewöhnliche Erneuerung* erlebt. Der »Toronto-Segen«, der unter der Leitung meiner Freunde John und Carol Arnott begann, breitete sich von Kanada mit explosiver Geschwindigkeit in der ganzen Welt aus und ähnliche Erneuerungsfeuer wurden in Argentinien und anderen Ländern entfacht.

Diese Erweckung ist von der greifbaren Gegenwart Gottes erfüllt und ruft die Menschen auf, in eine tiefe und innige Beziehung zu ihm zu treten. Durch zahlreiche Zeichen und Wunder sowie persönliche Gottesbegegnungen und Erfrischungen hat sie sich wie ein Lauffeuer ausgebreitet. Nach neuesten Berichten, die mir zur Zeit vorliegen [die englische Ausgabe erschien 1998; Anmerkung der Übersetzerin], haben über zwei Millionen Menschen die Gemeinde in Toronto besucht, Erneuerung erfahren und das »Erweckungsfeuer« in ihre Gemeinden in aller Welt zurückgetragen. Ich hörte John Arnott sagen, dass diese Welle in sehr kurzer Zeit alle Nationen und Denominationen erfasst hat.

Obwohl es viele Kontroversen über diese Bewegung gab, behaupte ich, dass es sich entweder um die größte Täuschung handelt, die die Gemeinde in ihrer gesamten Geschichte je erlebt hat, oder dass sie tatsächlich den Beginn einer großen Erweckung darstellt. Ich halte das Letztere für wahr.

In meinen Augen ist die Existenz dieser Erneuerung das deutlichste Zeichen dafür, dass eine Erweckung unmittelbar bevorsteht. Warum? Weil ich glaube, dass einer Erweckung in der Geschichte oft eine Erneuerung vorausgegangen ist.

Betrachten wir nur die Apostelgeschichte und verfolgen den chronologischen Ablauf der damaligen Erweckung. Im 2. Kapitel der Apostelgeschichte wird berichtet, wie zuerst 120 Gläubige mit dem Heiligen Geist erfüllt und erneuert wurden. Dann kamen 3 000 Menschen zum Glauben an Christus, als Petrus am Pfingsttag vor einer großen Menge predigte.

Oder nehmen wir die Geschichte der Erweckung in den Vereinigten Staaten, wo eine ähnliche Entwicklung festzustellen ist. Als ich mit Historikern über die Erweckung in der Azusa Street 1906 in Los Angeles sprach, berichteten sie mir, dass dort eigentlich nur wenige Menschen zum Glauben an Jesus Christus kamen, während aber erstaunlich viele Christen mit dem Heiligen Geist erfüllt wurden und geistliche Gaben wie das Reden in anderen Sprachen empfingen.

Wie John Arnott sagt, war Azusa

»bekannt für Pastoren und Leiter, die vom Heiligen Geist mächtig berührt wurden und dann den Segen in ihre Gemeinden heimtrugen und vor Ort Erweckungen in Gang setzten. Daraus entstand dann die Ernte.«[5]

Seit jener Zeit in der Azusa Street haben wir die Geburt der Pfingstbewegung und der charismatischen Bewegung erlebt und gesehen, wie Scharen von Menschen durch sie in das Reich Gottes kamen. Tatsächlich verzeichnen die Pfingstbewegung und die charismatischen Bewegungen das schnellste Gemeindewachstum in der weltweiten Christenheit; inzwischen gehören mehr als vier von fünf Christen in aller Welt zu einer dieser Bewegungen.[6]

Auch viele »nicht-pfingstliche« Christen machten in der charismatischen Erneuerung der 60er und 70er Jahre des 20. Jahrhunderts neue Erfahrungen mit dem Heiligen Geist. Und im Anschluss an diese Erneuerung führte die Erweckung der Jesus-Bewegung Millionen junger Menschen wie mich in das Königreich Gottes.

Ich bin fest davon überzeugt, dass die Erweckung, auf die wir heute zugehen, alle anderen historischen Erweckungen in den Schatten stellen wird!

Das Anliegen dieses Buches

Mein persönlicher Weg in die Erneuerung und meine Suche nach Erweckung bilden den Hintergrund dieses Buches. Ich bete dafür, dass es in denjenigen Lesern ein Feuer entfachen wird, die bereits in den Strom der Erneuerung eingetreten sind und sich mit nichts weniger zufrieden geben werden als den Fluten der Erweckung.

Und ich bete, dass es diejenigen, die noch nicht in den Strom eingetaucht sind, ermutigen wird, begeistert hineinzuspringen!

Ich möchte Sie Kapitel für Kapitel dorthin führen und Ihnen am Ende jedes Abschnitts einige hilfreiche Tipps geben, was Sie selbst tun können.

Im 1. Kapitel werde ich schildern, wie ich Erneuerung erlebte und wie diese Erfahrung mein Leben und meine Berufung von Grund auf veränderte. Doch für jeden von uns wird es noch weit mehr geben, wenn das Wasser der Erweckung steigt (vgl. Ez 47).

Kapitel 2 berichtet über die »Geburt« unserer neuen Gemeinde, *Harvest Rock* – eine von Tausenden, die Gott als Katalysatoren und Gefäße für die kommende Erweckung errichtet. Ich erzähle unsere Geschichte, um Sie und Ihre Gemeinde zu ermutigen, sich auf die größte Ernte aller Zeiten vorzubereiten.

Das 3. Kapitel unterstreicht, wie wichtig der prophetische Dienst und das Fundament der Propheten (vgl. Eph 2,20) in dieser Zeit ist und wie wir am besten hören können, was der Heilige Geist der Gemeinde zu sagen hat.

Kapitel 4 beschreibt das apostolische Netzwerk, das Gott uns aufbauen ließ und das wir *Harvest International Ministries* nannten. Dieses Beispiel vermittelt einen Eindruck von den zahlreichen neuen Netzwerken, Vereinigungen und Bewegungen, die Gott ins Leben ruft, damit sie die große Ernte aufnehmen – so wie es sich auch bei den Erweckungen der Vergangenheit beobachten lässt.

Im 5. Kapitel berichte ich über einige Heilungen, die ich in dieser Erneuerung miterlebt habe und die Menschen zum Glauben brachten. Wie in der Apostelgeschichte so werden auch in Zukunft körperliche Heilungen – so glaube ich – zu den besonderen Merkmalen dieser Erweckung gehören. Es ist sehr ermutigend zu sehen, wie unser liebender Vater Menschen auf wunderbare Weise berührt.

Das 6. Kapitel führt Sie in eine neue Dimension der »vollmächtigen Evangelisation«, die von der übernatürlichen Gegenwart Gottes erfüllt ist. Eine Evangelisation in der Vollmacht des Heiligen Geistes führt uns über eine evangelistische »Routine« hinaus zu einer Offenbarung Jesu Christi, der nur wenige widerstehen können.

Kapitel 7 beschreibt, wie wichtig der Gebetsdienst für unsere Gemeinde ist und war. Dies hätte auch Gegenstand des 1. Kapitels sein können, denn keine geistliche Erneuerung oder Erweckung ist je geschehen, ohne dass die Gemeinde zuvor intensiv gebetet hätte. Ich werde schildern, wie unser früher mühsames Gebet sich wandelte und fruchtbar wurde, wie Gott uns eine besondere Strategie für unsere Stadt und für die Völker gab und wie er nun Fürbitter eingesetzt hat, die 24 Stunden am Tag beten!

Im 8. Kapitel berichte ich, wie Gott mir ein Herz für meine Stadt gab, mich von der Neigung befreite, nur meine Gemeinde zu sehen, und mich befähigte, die Versöhnung zwischen ethnischen Bevölkerungsgruppen in Los Angeles zu fördern.

Die Kapitel 9 und 10 betrachte ich in mehrfacher Hinsicht als die wichtigsten dieses Buches. Beim Lesen werden Sie bemerken, dass veränderte Beziehungen für mich zu den wertvollsten Dingen gehören, die die Erneuerung mir vermittelt hat – zunächst meine Beziehung zu Gott und dann die Beziehung zu meiner Familie, zu anderen mir nahe stehenden Personen und schließlich zu allen Menschen, mit denen ich in irgendeiner Weise zu tun habe.

Besonders das 9. Kapitel beschreibt, wie die großartigste Versöhnung und Erneuerung in unserer eigenen

Familie beginnt. »Er wird das Herz der Väter wieder den Söhnen zuwenden und das Herz der Söhne ihren Vätern« (Mal 3,24). Meine persönliche Heilung in der Beziehung zu meinem Vater hat meinen Dienst und mein Leben verändert.

Das 10. Kapitel gewährt einen noch tieferen Einblick in den Prozess der persönlichen Veränderung und Reife in meinem Leben, der sich durch die Erneuerung in der Liebe Gottes vollzog. Ich erzähle hier, wie Gott mich in der Beziehung zu meiner Frau Sue leitete und wie er uns durch Umkehr und durch sein Wirken eine erneuerte Ehe schenkte. Ich bete, dass jeder Christ, jeder Leiter und jedes Pastorenehepaar durch das Lesen dieses Kapitels Hilfe für seine Beziehungen erfährt. Die kommende Ernte – und unsere eigene Lebensfreude und Zufriedenheit – setzt ehrliche, geheilte Menschen voraus, die den neuen Christen geistliche Elternschaft und ein Vorbild für ein liebevolles Familienleben bieten können.

Das letzte Kapitel soll allen helfen, in der Suche nach Erweckung voranzugehen. Gott ist souverän und wir können sein Handeln nicht erzwingen. Doch ich glaube von ganzem Herzen, dass wir tatsächlich tun können, wozu wir im 2. Petrus-Brief, Kapitel 3, Vers 12 ermahnt werden: nämlich durch unseren Gehorsam »den Tag Gottes […] beschleunigen«. Erweckung für eine zerrüttete, verlorene Welt liegt Gott sehr am Herzen. Ich möchte Ihnen einige Kriterien unterbreiten, die nach meiner Ansicht zu Gottes wichtigsten gehören und durch die wir dazu beitragen können, dass sein Plan sich erfüllt.

Ob Sie sich nach persönlicher Erneuerung sehnen oder aktiver auf eine historische Erweckung hinarbeiten wollen: Ich bete, dass dieses Buch Sie segnen und bereichern und zur Erfüllung seiner Absichten für Ihr Leben beitragen wird.

Kapitel 1

Erneuert

Das Jahr 1993 war das schlimmste meines Lebens. Ich weiß, das klingt sehr drastisch, aber so empfand ich es damals und so sehe ich es noch heute.
Nach neun Jahren des Ringens als Pastor in Süd-Kalifornien hatte ich schließlich aufgegeben. Nie hätte ich gedacht, dass die Dinge sich so entwickeln würden.

Eine eindringliche Vision

Zu Beginn hatte ich viel Glauben und die Vision einer großen Gemeinde. Schließlich hatte Gott mich tatsächlich durch eine Vision nach Los Angeles geführt. Es war eher ein Traum als eine Vision, aber nie war ein Traum mir so real erschienen. Es kam mir vor wie eine Einberufung, die direkt aus dem Thronsaal Gottes kam.

Um vier Uhr am Morgen des 2. September 1982, exakt drei Jahre nach dem Tag meiner Ordination, erschien mir im Traum ein Afroamerikaner, der folgende Worte sprach: »Der Herr will, dass du nach Los Angeles kommst und eine Gemeinde baust, denn es wird eine große Ernte geben.«

Ich wachte auf und hatte den Eindruck, Gottes Anwesenheit auch körperlich zu spüren. Die Melodie und die einprägsamen Worte eines Liedes, das wir in der Gemeinde sangen, gingen mir nicht mehr aus dem Kopf: »Die Zeit der Erweckung ist da.« Sofort ging ich auf die Knie und begann zu beten.

Schließlich konnte ich nicht mehr warten. Gegen halb sechs weckte ich meine Frau Sue und berichtete ihr aufgeregt von dem Traum. Auch sie war davon überzeugt, dass ich nicht nur geträumt hatte, und spontan beteten wir gemeinsam und jubelten über diese neue Offenbarung.

An jenem Tag kamen die Dinge in unserem Leben in Bewegung. Unsere Pläne schienen bestätigt zu werden, denn weitere Beweise folgten. Wie Gideon Gott um ein klares Zeichen dafür bat, dass er bei ihm war, so legten auch Sue und ich bildlich gesprochen ein Vlies vor ihm aus.

Wir beteten, dass mein bester Freund aus jener Zeit, Pastor Larry Tomczak, die Initiative ergreifen und mich von sich aus fragen würde, ob ich eine Gemeinde gründen wollte, denn ich gehörte damals noch zu seinem Pastoren-Team. Das sollte für mich das Zeichen sein, ihm den Plan mitzuteilen, den Gott mir für Los Angeles gegeben hatte.

Die Bestätigung

Sechs Monate nach meiner Vision lud Larry mich ein, mit ihm essen zu gehen. Tief in mir wusste ich, dass Larry mich an diesem Tag fragen würde, ob ich eine Gemeinde gründen wollte. Ich kann Ihnen nicht erklären, warum ich dies wusste; ich war mir einfach sicher. So wie ich zuvor die innere Gewissheit erhalten hatte, dass mein Traum von Gott kam, so wusste ich auch, dass er mir eine Bestätigung geben würde.

Bald saßen wir am Tisch und ich hörte Larry sagen: »Ché, ich habe den Eindruck, dass wir in unserer Gemeinde zu viele Pastoren haben. Ich denke, dass wir dich aussenden sollten, um eine Gemeinde zu gründen. Hast du vielleicht den Wunsch, eine Gemeinde zu gründen? Und wenn ja, wo?«, fragte er.

Ich konnte kaum noch an mich halten. »Ich dachte schon, du würdest nie fragen«, platzte ich heraus. Und dann erzählte ich ihm alles ... von dem Traum, dem Vlies und dem Ruf nach Los Angeles.

»Los Angeles?«, fragte er ungläubig. »Ich dachte an etwas näher Gelegenes wie Nord-Virginia oder so«, fügte er hinzu.

»Larry, ich glaube wirklich, dass meine Vision von Gott kam«, bekräftigte ich. Er schien für den Gedanken offen zu sein und schlug vor, beim nächsten Treffen auch mit den anderen Pastoren zu sprechen und herauszufinden, wie sie darüber dachten.

Tatsächlich reagierte jeder der Pastoren mit ähnlicher Offenheit auf das, was ich als Führung Gottes empfand. Um ganz sicherzugehen, ermutigten sie mich, mir noch einmal Zeit zu nehmen, intensiv zu beten und Gott um eine weitere Bestätigung zu bitten.

Eine Bestätigung per Fernsehen

Meine Frau und ich beschlossen, ein paar Tage zu verreisen, um gemeinsam zu fasten und zu beten und um wirklich sicher zu sein, dass wir auf dem richtigen Weg waren. Wir beschlossen, die Zeit in der Eigentumswohnung meines Onkels in Ocean City, Maryland, zu verbringen – ein beliebter Ferienort an der Atlantikküste, der nur wenige Autostunden entfernt lag. Als wir in der

Wohnung ankamen, stellten wir unsere Taschen ab, knieten uns auf den Fußboden und baten Gott inständig um die Bestätigung, die wir für den Umzug nach Los Angeles brauchten.

In diesem Moment hatte ich plötzlich den Eindruck, wir sollten den Fernseher einschalten und es würde gerade die Sendung »700 Club« ausgestrahlt werden. Ich sagte, fast scherzend, zu Sue: »Schatz, schalten wir mal den Fernseher ein und sehen, ob Pat Robertson gerade auf Sendung ist. Vielleicht hat er ja ein Wort der Erkenntnis für uns.«

Es sah mir gar nicht ähnlich, so etwas zu sagen. Und unter normalen Umständen betrachtet schien es noch abwegiger. Wie hoch war die Wahrscheinlichkeit, dass ausgerechnet diese Sendung in Ocean City ausgestrahlt werden würde, und zwar gerade um diese Tageszeit? Wir hatten keine Programmzeitschrift, und ich wusste nicht einmal, ob in der Wohnung ein Fernseher angeschlossen war, da unser Aufenthalt in die Nebensaison fiel.

Aber es gab tatsächlich einen Fernseher in der Wohnung und er funktionierte auch. Und als ich die Kanäle durchsuchte, lief tatsächlich gerade »700 Club«! Ich sah, wie Ben Kinchlow und Pat Robertson über einem Stapel Briefen beteten. Dann begannen sie, Worte der Erkenntnis oder spezifische Eindrücke weiterzugeben, die Gott ihnen auf übernatürliche Weise gab (vgl. 1 Kor 12,8) und die sich auf verschiedene körperliche Heilungen bezogen, die Gott schenken wollte.

Dann hielt Pat inne und sprach folgendes Wort der Erkenntnis aus: »Es gibt einen Pastor, der Gott um eine Bestätigung für eine Gemeindegründung bittet. Der Herr sagt, dass es seinem Willen entspricht, dass du dies tust. Und wenn du in Einheit und Harmonie vorgehst, wird der Herr dir großen Erfolg schenken.«

Ich konnte kaum meinen Ohren trauen. Ich rief meiner Frau zu: »Das ist die Bestätigung, nach der wir suchen!« Wir beide waren so begeistert, dass wir anfingen, Gott zu preisen und quer durch die Wohnung zu tanzen. Es war unglaublich!

Dann hatte ich eine Idee. Vielleicht würde dieselbe Sendung auf demselben Kanal später an diesem Tag ein zweites Mal ausgestrahlt werden. Wenn ja, konnte ich das Wort der Erkenntnis aufnehmen und später den anderen Pastoren vorspielen.

Den ganzen Nachmittag und Abend über ließen wir den Fernseher laufen. Und tatsächlich wurde die Sendung abends noch einmal ausgestrahlt. Wir waren bereit, hatten den Videorekorder eingeschaltet und die Aufnahme gelang. Dankbar und zuversichtlich, dass Gott unser Gebet um eine Bestätigung wirklich erhört hatte, ohne dass wir drei Tage gefastet hätten, konnten wir feiern und einen herrlichen Kurzurlaub genießen.

Am folgenden Dienstag traf sich unser Pastorenteam, und ich berichtete den anderen, was geschehen war. Nachdem ich die Videoaufnahme abgespielt hatte, meinte einer der Brüder: »Ich spürte während der Wiedergabe die Gegenwart des Heiligen Geistes. Der Gedanke, dass Ché und Sue nach Los Angeles gehen sollten, stammt wirklich von Gott.« Nachdem wir die Bestätigung und den Segen der Pastoren erhalten hatten, wussten wir, dass es nur noch eine Frage der Zeit war, bevor sie uns nach Los Angeles aussenden würden.

Aussendung nach Pasadena

Nach einer Übergangszeit, in der wir uns sorgfältig auf unsere Aufgabe vorbereiteten, wurden meine Familie, drei weitere Ehepaare und einige Singles aus Maryland ausgesandt, um in Pasadena, Kalifornien, am Stadtrand von Los Angeles eine Gemeinde zu gründen.

Mit meinen 28 Jahren war ich bereit, eine Azusa-Street-Erweckung[1] sozusagen mit links nach Los Angeles zu bringen – so dachte ich jedenfalls. Doch das war der Augenblick, als die Probleme begannen. Das war der Punkt, an dem Gott begann, mir meine eigene Unfähigkeit und Hilflosigkeit vor Augen zu führen.

Immer wieder lag ich der Länge nach auf dem Boden und schrie zu Gott. Statt jedoch nach dem Gott Elias zu suchen, fragte ich mich, ob ich den »Gott der Erweckung« überhaupt je erleben würde.

Meine Freunde Lou Engle und David Warnick, die später zu unserem Pastorenteam dazustießen, und ich taten alles, was in unseren Kräften stand, um die Vision zu erfüllen. Und zweifellos war das ein Teil des Problems.

Jahrelang hielten wir frühmorgens Gebetstreffen ab. Meistens war es für mich eine echte Herausforderung, so früh aufzustehen, denn ich bin eher ein Nachtmensch als ein Frühaufsteher. Obwohl es einige herausragende Gebetstreffen gab, bei denen 40 bis 50 Personen zusammenkamen und wir Gottes Gegenwart in unserer Mitte deutlich spürten, mussten wir uns meist damit begnügen, uns lediglich abzumühen und zu hoffen, dass unsere Gebete Erhörung finden würden.

In anderen Bereichen unternahmen wir in diesem Jahrzehnt alles Mögliche, um die Menschen der Umgebung mit der Guten Nachricht zu erreichen: Wir predigten in Freiversammlungen, wir gingen von Haus zu Haus, wir führten Theatersketche auf der Straße auf, wir gingen in die Ghettos, wir luden zu besonderen Veranstaltungen ein und wir holten verschiedene Referenten zu Hilfe. Aber all das brachte nur geringe Resultate.

Schließlich begann die Gemeinde doch zu wachsen und Gott brachte einige wunderbare Menschen zu uns ... aber wir waren weit von einer Erweckung entfernt.

Durch die Umstände erschüttert

Als ein Bruder einmal scherzhaft meinte: »Die 80er Jahre waren die Hölle«, war das eine ziemlich treffende Beschreibung für mein Jahrzehnt. Vor dem Hintergrund der Skandale bei einigen Fernsehevangelisten war es damals ohnehin kein Vergnügen, im geistlichen Dienst zu stehen. Aber meine eigenen Kämpfe kamen zu diesen

> Als ein Mitglied des Teams einmal scherzhaft meinte: »Die 80er Jahre waren die Hölle«, war das eine ausgesprochen treffende Beschreibung für mein Jahrzehnt.

Schwierigkeiten noch hinzu. Wenn mich jemand fragte, womit ich meinen Lebensunterhalt verdiente, war ich fast versucht, von »Verkauf« oder »Versicherungen« zu sprechen, um nicht zugeben zu müssen, dass ich Pastor war!

Als ich dann Ende der Achtziger auf den Beginn eines besseren Jahrzehnts hoffte, wurde mir der Boden ganz unter den Füßen weggezogen!

Die erste missionarische Gemeindegründung im Ausland, die von meinem Team gefördert worden war, wurde ein Fehlschlag. Ohne in die Details zu gehen, kann man sagen, dass ich die Hauptverantwortung für das trug, was mit unseren Bemühungen im Ausland geschehen war. Die Sache endete damit, dass der Missionsbereich in unserer Gemeinde und in der gesamten Organisation bis auf Weiteres eingestellt wurde.

Da unsere Gemeinde die Missionare ausgesandt hatte und Mission auch zu unserer Vision gehörte, traten viele Gemeindemitglieder aus, weil sie durch die Richtungsänderung sowohl über unsere Ortsgemeinde als auch über Gemeindegründungen insgesamt desillusioniert waren. Innerhalb von sechs Monaten verließen uns mehr als 100 Mitglieder!

Oft wünschte ich, ich hätte mit ihnen gehen können, aber ich hatte den Eindruck, dass das nicht Gottes Wille war. Obwohl dieser Dienst viel Erfolg brachte, kann ich nicht beschreiben, wie verheerend es für mich war, dass sich meine Vision für Weltmission in Luft aufzulösen schien.

Irgendwann gab es einen Wechsel in der Leiterschaft unserer Bewegung, und der neue Leiter machte mir klar, dass wir weder in Asien noch sonst irgendwo Gemeinden gründen würden außer in den Vereinigten Staaten und Mexiko.

Schon als junger Christ waren mir Mission und internationale Dienste sehr wichtig gewesen. Und dieses Interesse hatte auch meine Beziehung zu Gott und all mein Handeln geprägt. Der Tod dieser Vision ließ nun allmählich auch mich geistlich sterben.

Mit Worten kann ich nicht beschreiben, welche Leidenschaft und gemeinsame Hingabe uns angespornt hatte, uns für die Ausbreitung des Königreichs auf der ganzen Welt einzusetzen – und welche innere Leere ich nun in dem Wissen fühlte, dass diese Vision nie verwirklicht werden würde.

Irgendwie schlug ich mich bis 1993 durch. Doch im Januar wussten Sue und ich, dass wir als Pastoren zurücktreten und sowohl unsere Gemeinde als auch die gesamte Organisation verlassen sollten. Es war die härteste Entscheidung, die wir je in unserem Leben treffen mussten.

19 Jahre lang hatten wir mit den Gründern unserer Bewegung zusammengearbeitet. Dass wir nun die Organisation verließen, bedeutete somit auch, dass wir unsere Freunde verließen, zu denen wir unsere engsten Beziehungen geknüpft hatten und mit denen unsere Kinder aufgewachsen waren, darunter auch unsere besten Freunde Larry und Doris Tomczak. Meine Schwester und einige Verwandte würden weiter in der Muttergemeinde in Maryland tätig sein.

Ein »Wort« von Gott

Doch trotz dieser Ereignisse wussten wir, dass Gott klar zu uns gesprochen hatte. Unter anderem bestätigte er diesen Schritt durch Cindy Jakobs, eine Leiterin und Prophetin. Gott weckte sie einmal nachts auf, damit sie für uns in der Fürbitte eintrat. Dann gab er ihr ein prophetisches Wort für uns.

Cindy hatte nie zuvor mit uns telefoniert. Sie musste sogar erst bei Freunden anrufen, um unsere Telefonnummer herauszubekommen. Sie lebte damals drei Bundesstaaten von uns entfernt und hatte nicht die geringste Ahnung von unserer Situation. Wir hatten niemanden informiert, sondern warteten, bis Gott uns zeigte, wann und wie wir mit anderen über die bevorstehenden Veränderungen sprechen sollten.

Cindy rief also an und berichtete uns davon, was Gott ihr über uns und unsere Situation gezeigt hatte. Er hatte ihr gezeigt, dass wir unsere Gemeinde und unsere

Bewegung verlassen würden, allerdings nicht vor 1994. Außerdem kündigte sie an, dass 1993 das härteste Jahr unseres Lebens werden würde. Ich fühlte mich hin- und hergerissen, als es darum ging, ein so schwieriges Wort anzunehmen.

In gewisser Weise war es für meine Frau und mich tröstend zu wissen, dass Gott uns für diese höchst schwierige Entscheidung ein Wort gegeben und es uns durch eine bekannte und anerkannte Prophetin bestätigt hatte. Aber die Aussicht auf die bevorstehende Krise war beunruhigend. Und sie ließ tatsächlich nicht lange auf sich warten.

Als ich den anderen Pastoren und Leitern der Bewegung unsere Entscheidung bekannt gab, reagierten sie verärgert und enttäuscht. Es standen auch einige Fragen zur Lehre und Praxis des geistlichen Dienstes zur Debatte, die ich lieber nicht näher ausführe; jedenfalls fehlte mir zum Schluss der Glauben, um in einer Bewegung weiterzuarbeiten, die ihre ursprüngliche Vision für Weltmission verloren hatte.

Ich war emotional völlig überwältigt. Ich liebte die Menschen in der Gemeinde, aber wie konnte ich in einer Bewegung weiterarbeiten, mit deren Grundlagen ich mich nicht mehr identifizieren konnte? In der Bibel heißt es: »Gehen zwei den gleichen Weg, ohne dass sie sich verabredet haben?« (Amos 3,3). Es war die härteste Entscheidung, die Sue und ich in unserem Leben als Christen je zu treffen hatten. Wir hatten das Gefühl, ohne Fallschirm aus einem Flugzeug zu springen, aber ich wusste, dass Gott mein Vertrauter und mein Leiter war. Meine Wünsche mussten sich seiner Führung unterordnen, und ich musste versuchen, den Wechsel für die Gemeinde so schmerzlos wie möglich zu vollziehen.

Eine schwierige Übergangszeit

Die Leiter akzeptierten meinen Rücktritt als leitender Pastor, baten mich aber um eine einjährige Übergangszeit. Ich erklärte mich einverstanden und arbeitete stattdessen als Evangelist im Team mit. Ein Pastor, den ich ausgebildet hatte, wurde der neue Leiter. Nun war also der junge Mann, dessen Pastor ich während seiner Ausbildung gewesen war, mein Vorgesetzter. Mein Gehalt wurde drastisch beschnitten und zugleich, um es kurz auszudrücken, auch mein Stolz. Doch der eigentliche Schmerz, den ich empfand, war eine tiefe Verwirrung und die persönliche Enttäuschung.

Ich muss ganz offen gestehen, dass ich nicht die geringste Vorstellung hatte, was als Nächstes geschehen würde. Ich wusste zwar, dass Gott mich zum Rücktritt aufgefordert hatte und dass Sue und ich die von uns

> Damals erkannte ich es noch nicht, aber Gott war dabei, mich in einen Zerbruch zu führen und mich auf 1994 vorzubereiten – das Jahr, in dem er beginnen würde, den Traum von der verheißenen Erweckung zu erfüllen.

gegründete Gemeinde bald verlassen sollten, aber alles andere war unklar. Ich hatte nur noch einen Wunsch: unser Haus zu verkaufen und Kalifornien zu verlassen.

Plötzlich merkte ich, wie ich immer tiefer in eine Depression verfiel. Ich war selten deprimiert, merkte aber, dass ich verletzt war. Es schien, als würde die Decke über mich hereinbrechen und mich erdrücken. Mein

Nacken schmerzte und mein Körper fühlte sich unter der Belastung schwer und alt an. Meine Familie und ich litten auch finanziell unter der drastischen Gehaltskürzung. Ohne besonderen Erfolg versuchte ich, die Differenz durch verschiedene Reisedienste auszugleichen. So vergingen sechs lange, verheerende Monate.

Schließlich nahmen wir eine Hypothek auf unser Haus auf, um die Rechnungen bezahlen zu können. Und die ganze Zeit hindurch fühlten wir uns von unseren Freunden abgelehnt, während sie sich von uns abgelehnt fühlten, weil wir die Gemeinde und die Bewegung verlassen wollten. Das Schlimmste war aber, dass ich von Gott enttäuscht war, weil er uns nach Kalifornien gebracht hatte, ohne den Traum zu erfüllen, den er mir auf übernatürliche Weise gegeben hatte.

Ich wollte den geistlichen Dienst aufgeben. Am liebsten wäre ich auf eine Ranch gezogen und hätte einen Wachhund abgerichtet, jeden anzugreifen, der eine Bibel bei sich trug. Natürlich nicht wirklich, aber manchmal war mir danach zumute. Die Erfahrungen, die ich in diesem Jahr machte, lassen sich nicht annähernd in Worte fassen. Es war ein Jahr, wie ich es niemandem wünschen würde. 1993 wird wohl das schlimmste Jahr meines Lebens bleiben.

Damals erkannte ich es noch nicht, aber Gott war dabei, mich in einen Zerbruch zu führen und mich auf 1994 vorzubereiten – das Jahr, in dem er beginnen würde, den Traum von der verheißenen Erweckung zu erfüllen.

Heiliges Lachen

1994 erlebte Toronto eine Erweckung, die in der ganzen Welt bekannt werden sollte. Eine größere Ausgießung oder Welle des Heiligen Geistes hatte begonnen.² Was viele nicht wissen, ist die Tatsache, dass genau zu derselben Zeit dieselbe Art von Erweckung in der *Anaheim Vineyard Christian Fellowship* in Kalifornien einsetzte.

Alles begann an einem Sonntagabend, als die Gemeinde die Jugendlichen zu einem kurzen Missionseinsatz aussandte. Der Heilige Geist erfüllte die Jugendlichen ungewöhnlich stark. Solche Manifestationen – verschiedene körperliche und emotionale Reaktionen – sind die Folge, wenn eine Person eine unmittelbare Berührung durch die übernatürliche Kraft Gottes erfährt; oft sind sie verbunden mit Lachen, Weinen, Zittern, Schütteln oder ungewöhnlichen Lauten (vgl. Jer 23,9; Röm 8,26; Offb 1,17). Solche Erfahrungen haben Menschen in der Geschichte immer wieder gemacht, wenn Gott ihnen in übernatürlicher Weise begegnete.³

Eine Woche später fand die Jahreskonferenz der *Vineyard*-Gemeinden statt. In diesem Jahr stand die Konferenz unter dem Thema »Heilung«; als Referenten waren Francis McNutt und Mahesh Chavda eingeladen – zwei Evangelisten, die dafür bekannt sind, dass sie die Gabe der Heilung haben. Die Erneuerung dehnte sich in mächtiger Weise auf die Konferenz aus.

Lou Engle und ich hatten uns zu dieser Konferenz angemeldet, ohne zu ahnen, dass eine neue Erweckung in der *Vineyard*-Bewegung einsetzen würde. Diese Erweckung änderte schon den ersten Tag der Konferenz, und wir konnten mit eigenen Augen beobachten, wie der Heilige Geist Menschen erfüllte und ungewöhnliche Manifestationen mit Lachen, Zittern, lautem Rufen und anderen Geräuschen die Folge waren.

Zuerst reagierte ich zynisch auf die Ereignisse. Ich hatte in der Zeitschrift *Charisma* von Rodney Howard Brown und dem »heiligen Lachen« gelesen, es aber nie miterlebt. Ich dachte, dieses Lachen würde durch Massensuggestion und Hysterie hervorgerufen und nicht durch ein echtes Wirken des Heiligen Geistes. Doch im Verlauf dieser Konferenz erlebten wir eines Tages, dass eine Reihe von Personen, die in verschiedenen Bereichen des Auditoriums saßen, plötzlich lachten, als der Heilige Geist wie ein frischer Wind durch die Halle wehte.

Mein Freund Lou stieß mich in die Seite und rief aufgeregt: »Es kommt auf uns! Es kommt auf uns zu!«

Ich erinnere mich noch, wie ich beteuerte: »Also, ich werde nicht lachen.« Doch als der Heilige Geist unseren Bereich erfasste, fühlte ich mich wie berauscht. Ich konnte gar nicht aufhören zu lachen; es dauerte mindestens 20 Minuten. Alles war erheiternd – obwohl niemand etwas Lustiges sagte.

Vor mir saß ein kahlköpfiger Mann und aus irgendeinem Grund fand ich seine Glatze lustig. Also lehnte ich mich vor und begann, ihm über die Glatze zu streichen. Es war ihm egal; er lachte auch. Es war eine wunderbare, erfrischende Erfahrung, die jede Faser meines Seins zu beleben schien. Erst hinterher stellte ich fest, dass meine Depression verschwunden war!

Wie Gott an mir wirkte, überraschte mich genauso, wie es John Arnott in Toronto überrascht haben muss, wo alles begann. Er beschreibt es mit folgenden Worten:

> *»Wir hatten um eine Bewegung Gottes gebetet und angenommen, dass mehr Menschen errettet und geheilt würden und damit neue Begeisterung in die Gemeinde käme. Nie kam es uns in den Sinn, dass Gott eine riesige Party schmeißen würde, auf der die Menschen lachen, auf dem Boden herumkugeln, weinen und so gestärkt würden, dass emotionale Verlet-*

zungen aus der Kindheit einfach von ihnen weggenommen wurden. Die Phänomene mögen seltsam sein, aber die Frucht, die sie produzieren, ist äußerst gut.«[4]

Das Ergebnis dieser Erfahrung zeigte sich augenblicklich in meinem Leben: Ich hatte wieder Freude am geistlichen Dienst. Aber noch wichtiger war meine neue Liebe zu Jesus. Ich spürte seine Gegenwart und wusste, dass etwas Unglaubliches in meinem Leben geschehen war. Doch dies war nur der Anfang einer lebensverändernden Woche.

Vom Geist bevollmächtigt

Am nächsten Tag sprach Mahesh Chavda. Er teilte einen Traum mit, den er in der Nacht zuvor gehabt hatte. Er träumte, dass ein Pastor zwei Brote zur Konferenz mitgebracht hatte. Dann nannte er seine Auslegung zu diesem Traum: Der Pastor repräsentierte alle Pastoren, die an dieser Konferenz teilnahmen.

Mindestens 500 der 4 000 Teilnehmer waren Pastoren. Das Brot symbolisierte die Salbung der Heilung. Er verwies auf die Syrophönizierin, die Jesus bat, zu kommen und ihre Tochter zu heilen. Jesus erwiderte, es sei nicht recht, das Brot der Kinder (die Heilung) den Hunden (den Nicht-Juden) zu geben (Mt 15,26).

Sie wandte ein, dass selbst Hunde die Brotkrümel essen dürfen, die die Kinder übrig lassen. Jesus sah ihren Glauben und erklärte, dass ihre Tochter geheilt war (Mk 7,24–30). Mahesh Chavda zog daraus den Schluss, dass die Pastoren die Salbung der Heilung, die ausgeteilt wurde, in ihre Gemeinden zurücktragen sollten.

Als Mahesh seinen Traum schilderte, wäre ich fast von meinem Sitz aufgesprungen, denn als ich am Morgen das Haus verlassen hatte, um zur Konferenz zu gehen, hatte meine Frau mir zwei selbst gebackene Rosinenbrote mitgegeben. Nie zuvor und nie danach habe ich Brot zu einer Konferenz mitgebracht!

Sue hatte einfach ein Gerät zum Brotbacken ausprobiert, das ich ihr zu Weihnachten geschenkt hatte, und dann war ihr die Idee gekommen, es wäre vielleicht schön, wenn ich Brote mitnehmen und mit anderen teilen könnte. Als Mahesh von einem Pastor sprach, der an diesem Tag Brot mitgebracht hatte, fragte ich mich, ob der Traum möglicherweise von mir handelte. Ich bebte innerlich und empfand Vorfreude und Staunen.

Am Ende der Morgenveranstaltung begann Mahesh, einzeln für Menschen zu beten. Ich ging durch die Menge nach vorn, um mit ihm zu sprechen. Als unsere Blicke sich begegneten, sagte ich: »Mahesh, Sie kennen mich nicht, aber ich bin Pastor und meine Frau gab mir heute Morgen zwei Brote zur Konferenz mit.«

Er riss die Augen auf und meinte: »Bleiben Sie da!« Dann ging er schnell auf die Bühne, nahm ein Mikrofon und sagte: »Meine Damen und Herren, ich bitte um Ihre Aufmerksamkeit!« Im Auditorium wurde es still. »Hier ist ein Pastor, der zwei Brote mitgebracht hat, wie ich es in meinem Traum sah. Wir werden jetzt für ihn beten!«

Dann kam er zu mir und legte mir die Hände auf den Kopf. Ich erinnere mich nur noch, wie ich nach hinten flog, auf dem Rücken landete und am ganzen Körper zitterte. Es war das erste Mal, dass ich wirklich durch die Kraft Gottes zu Boden fiel und im Heiligen Geist ruhte (vgl. Joh 18,1–6).

Zwar hatte ich schon vorher einige Male auf dem Boden gelegen, als andere Leiter für mich gebetet hatten, aber ich muss gestehen, dass ich dabei nie irgendetwas fühlte. Es war das, was ich ein »Gefälligkeitsruhen« nenne. Man geht zu Boden, selbst wenn man gar nichts fühlt, um den Pastor oder andere, die es erwarten, nicht in Verlegenheit zu bringen.

Dieses Mal war es anders. Nie zuvor hatte ich eine solche Kraft durch Handauflegung erfahren. Früher war ich irritiert, wenn Leute in der *Vineyard*-Gemeinde beim Gebet vibrierten – und nun zitterte mein eigener Körper unkontrollierbar! Aber noch erstaunlicher ist, dass dieses Vibrieren seit jenem Tag nicht mehr aufgehört hat.

Wann immer ich Gott anbete oder die Gegenwart des Heiligen Geistes spüre, zittern meine Hände – mal mehr, mal weniger heftig. Ich kann diese Phänomene oder Manifestationen nicht vollständig verstehen, aber es erscheint mir logisch, dass unser Körper reagiert, wenn er mit Elektrizität in Berührung kommt. Wenn man die Kraft Gottes berührt, sollte man also nicht überrascht sein, wenn man auch körperlich darauf reagiert. Wenn das Übernatürliche mit dem Natürlichen in Berührung tritt, kommt es zu einer Reaktion!

Ich möchte nicht versuchen, solche Manifestationen der Erneuerung zu verteidigen, sondern will einfach schildern, was ich erfahren habe. Ich erlebte dieses Schütteln, obwohl ich nicht danach gesucht hatte.[5]

Eine mächtige Gabe

Außerdem empfing ich eine mächtige Gabe (vgl. 1 Tim 4,14; 2 Tim 1,6), als Mahesh für mich betete, was mir allerdings erst eine Woche darauf bewusst wurde.

Lou Engle und ich waren zu einer Jugendkonferenz in Pasadena eingeladen worden, die sieben Tage später stattfand. Während der Konferenz erfüllte der Heilige Geist die jungen Menschen genauso, wie wir es bei der Heilungskonferenz erlebt hatten.

Die Jugendlichen wurden geschüttelt und fielen unter der Kraft des Heiligen Geistes zu Boden. Da wurde Lou und mir bewusst, dass wir etwas sehr Übertragbares und herrlich Ansteckendes empfangen hatten. Doch was mich wirklich schockierte, geschah in einem Seminar, das ich während der Konferenz hielt.

Nachdem ich gesprochen hatte, kam ein etwa 13-jähriges Mädchen zu mir und sagte: »Könnten Sie bitte für mein linkes Auge beten? Auf diesem Auge bin ich vollständig blind. Als Kind war ich auf einer Karnevalsfeier, und dort flog mir ein Metallsplitter ins Auge, der mich schwer verletzt hat. Ich hatte drei Augenoperationen, aber es half nichts. Seitdem bin ich auf diesem Auge völlig blind.«

Während sie mir ihre Situation schilderte, merkte ich, wie sich auch der geringe Glaube, den ich besaß, noch zu verflüchtigen schien. Um ehrlich zu sein: Ich glaubte nicht wirklich daran, dass sie geheilt werden würde. Ich hatte schon mehrmals für Blinde gebetet und keiner von ihnen war jemals geheilt worden. Auch diesmal erwartete ich nichts anderes.

Ich war seit 1979 Pastor und hatte gelernt, dass man immer mit Menschen betet, die darum bitten – auch wenn ihre Situation noch so aussichtslos erscheint. Also betete ich auch in diesem Fall. Ich erinnere mich noch daran, wie ich sie aufforderte, ihre Hand auf ihr Auge zu legen, und wie ich dann meine Hand auf ihre legte. Ich kann mich nicht einmal mehr erinnern, was ich betete, aber das ist ohnehin nicht wichtig. Entscheidend war, dass sie Glauben hatte und dass der Heilige Geist sie erfüllte und sie heilte.

Was dann geschah, lässt sich mit Worten kaum beschreiben. Sobald ich meine Hand wegnahm, fing sie an zu weinen. »Ich kann Ihre Nase sehen; ich kann Ihr Gesicht sehen!«, schrie sie.

Ungläubig rief ich aus: »Wirklich?«

»Ich sehe zwar nicht völlig klar, aber mein Auge ist offen!«, rief sie bewegt.

Ich war, milde ausgedrückt, verblüfft und fragte mich konsterniert: *Was geht hier vor? Könnte das die Erweckung sein, für die ich gebetet habe und die Gott mir vor so vielen Jahren verheißen hat?*

Es dauerte nicht lange, bis ich feststellte, dass wir uns in der frühen Phase eines historischen Wirkens Gottes befanden.

Erneuerung wird Wirklichkeit ... einige praktische Vorschläge

- Gehen Sie zu den »Quellen«, an denen die Erweckung stattfindet: Toronto in Kanada, die *Brownsville Assembly of God* in Pensacola in Florida, die *Tabernacle*-Gemeinde in Melbourne, Florida, die *Rock Church* in Baltimore in Maryland, die *Smithton Community Church* in Smithton in Missouri, Seattle im Bundesstaat Washington und Pasadena in Kalifornien. Ich weiß nicht hundertprozentig, warum wir gehen müssen, aber in der Erweckungsgeschichte lässt sich immer wieder beobachten, dass Gott einen Ort besucht und dass Menschen, wenn sie an diesen Ort gehen, eine Berührung oder Zuteilung von Gott empfangen. Viele kamen in die Azusa Street und brachten den Geist der Erweckung mit in ihre Heimatstädte und -länder zurück.

- Lesen Sie möglichst viel aus der Fülle der Literatur, die im Zuge der Erweckung veröffentlicht wurde. Informieren Sie sich über die Ereignisse, damit Sie einerseits hungriger und andererseits mit den verschiedenen Erscheinungsformen von Erweckung vertraut werden.
- Laden Sie einen Sprecher in Ihre Gemeinde ein, der die Salbung dieser Erweckung empfangen hat. Wenn Sie selbst kein Pastor sind, könnten Sie Ihrem Pastor vielleicht den Vorschlag unterbreiten, einen solchen Sprecher einzuladen. Wir haben festgestellt, dass einige »Träger« dieser Erweckung ansteckend sind. Wenn sie in eine Ortsgemeinde kommen, geben sie die Erweckung an die Gemeinde weiter.
- »Empfangen Sie Gottes Berührung im Glauben. Seien Sie bereit, etwas zu riskieren. Bleiben Sie beharrlich. Kommen Sie wie ein Kind. Strecken Sie sich aus, und ergreifen Sie, was Gott Ihnen zu geben hat. Lassen Sie sich ganz vom Heiligen Geist erfüllen.« Das sind John Arnotts Empfehlungen an Menschen, die das gegenwärtige Wirken Gottes empfangen möchten.[6]
- Empfangen Sie, so viel Sie nur können, und geben Sie so viel wie möglich weiter. Ich lebe seit Januar 1994 in der Erneuerung und der Hunger nach mehr vom Heiligen Geist ist immer noch nicht gestillt. Ständig beten Menschen für mich, und ich versuche, diese Erneuerung durch entsprechende Versammlungen und Konferenzen in aller Welt weiterzugeben. Ich habe gelernt, dass ich noch mehr empfange, je mehr ich im Gebet für Menschen weitergebe. Geben Sie das Empfangene weiter; es ist ansteckend!
- »Der Heilige Geist will dich erfüllen und befähigen, diese Erneuerung überall mithinzutragen, wohin du gehst.«[7]

Kapitel 2

Harvest Rock: Eine Gemeinde wird geboren

Offiziell wurde die *Harvest Rock Church* (HRC) zwar am 4. April 1994 gegründet, doch die Vision zu dieser Gemeindegründung gab Gott uns bereits im November 1993. Wir waren damals noch Mitglieder der *Abundant Life Community Church*, in der ich ja als leitender Pastor zurückgetreten war und nun als Evangelist im Mitarbeiterteam diente.

Als wir in dieser Situation herauszufinden versuchten, wohin der Herr uns als Nächstes führen würde, hofften meine Frau und ich, dass es irgendwo anders sein würde – nur nicht in Los Angeles. Ich hatte mich schon mit einem Makler in Verbindung gesetzt, um den Verkaufswert unseres Hauses schätzen zu lassen, aber dann beschlossen wir, zu warten und das Haus erst zu verkaufen, wenn wir den genaueren Zeitpunkt unseres Weggangs aus der Gemeinde kannten.

Als ich Anfang November als Gastsprecher in eine Gemeinde eingeladen war, zeigte Gott mir in meinem Geist, dass ich Los Angeles nicht verlassen sollte. Er wies mich stattdessen zurecht und verglich mich mit Jona: Ich stand im Begriff, vor meiner ursprünglichen Berufung, die mich ja nach Los Angeles gebracht hatte, wegzulaufen. Ich hatte seine Aufgabe, eine »Gemeinde für eine große Ernte« (vgl. Lk 10,2) zu pflanzen, noch nicht erfüllt.

In derselben Woche, während ich mich außerhalb von Los Angeles befand, sprach der Heilige Geist auch zu meiner Frau und sagte ihr, dass wir nicht weggehen sollten. Einige Wochen später weckte der Herr mich um vier Uhr morgens und ich hörte eine innere Stimme in meinem Geist: »04.04.1994«.

Zuerst vermutete ich, dass es sich dabei um das Datum unserer Entlassung aus der Heimatgemeinde handelte. Ich sagte es meiner Frau, und wir beide achteten darauf, niemandem etwas davon zu sagen, außer unseren engen Freunden Lou und Therese Engle.

Lou, der mit mir an der *Vineyard*-Konferenz teilgenommen hatte, war jahrelang gemeinsam mit mir im Dienst gewesen und hatte seine Pastorenstelle in unserer Gemeinde bereits aufgegeben. Inzwischen leitete er eine Organisation namens »Pasadena für Christus«, aber er und seine Frau blieben weiterhin Mitglieder der *Abundant Life Community Church.*

Als ich Lou und Therese von der Jona-Ermahnung erzählte, waren sie begeistert davon, dass Sue und ich Los Angeles nicht verlassen würden, sondern den Eindruck hatten, wir sollten in dieser Stadt eine neue Gemeinde gründen. Uns war nun bewusst, dass Gott diese neue Gemeinde nur segnen würde, wenn wir der ursprünglichen Vision treu blieben, die der Herr mir im Traum vor so vielen Jahren gegeben hatte.

Lou und Therese erklärten sich sofort bereit, uns bei der Pflanzung der neuen Gemeinde zu helfen. Lou hatte schon lange von einer Erweckung für Los Angeles geträumt und beschlossen, selbst dann in dieser Gegend zu bleiben, falls wir uns entschließen sollten fortzugehen. Er war sehr erleichtert und erfreut zu hören, dass Gott uns anwies, zu demselben ursprünglichen Auftrag zurückzukehren, den auch Lou erhalten hatte.

Ein unerwarteter Wechsel

Wir beschlossen, die Ältesten der Gemeinde Ende Januar über unsere Entscheidung zu informieren. Weihnachten rückte näher, und ich hatte geplant, nach den Festtagen einen Monat zu verreisen, um meine Dissertation am *Fuller Theological Seminary* in Pasadena abzuschließen. Es erschien mir unklug, unmittelbar vor den Feiertagen und meiner vierwöchigen Abwesenheit eine so kontroverse Entscheidung anzusprechen.

Bedauerlicherweise kam die Katze aus dem Sack, bevor ich eine Gelegenheit hatte, alle Pastoren der Gemeinde ausführlich zu informieren. Um eine lange und schmerzliche Geschichte kurz zu machen: Die drei anderen Pastoren hielten es für das Beste, uns so bald wie möglich aus der Gemeinde zu entlassen.

Am ersten Sonntag im Februar 1994 verabschiedeten wir uns. Nach zehn langen Jahren, in denen wir ein schwieriges Feld gepflügt und bestellt hatten, wurden Lou und ich als die Pastoren, die die Gemeinde gegründet hatten, mit unseren Frauen und Familien offiziell entlassen.

Von der Dynamik dieser Ereignisse etwas überrumpelt, warteten wir etwa einen Monat, bevor wir etwas Neues in Angriff nahmen. Lou und ich hatten beide einen Reisedienst aufgebaut und sprachen im Februar in verschiedenen anderen Gemeinden.

Inzwischen war mir klar geworden, dass der 4. April 1994 nicht das Datum unserer Entlassung aus der Gemeinde war, sondern der Tag, an dem wir unser neues Werk in der Stadt offiziell beginnen würden.

Der Name »Harvest Rock«

Während unserer Reisen besuchten Lou und ich einmal die *Metro Vineyard Fellowship* von Mike Bickle in Kansas City, Missouri. Diese große, einflussreiche Gemeinde ist dafür bekannt, dass dort der prophetische Dienst großen Raum einnimmt. Wir verbrachten einige Zeit mit Mike und anderen Freunden. Ich wohnte im nahe gelegenen Haus eines Freundes und fragte Gott eines Morgens in meiner Gebetszeit nach einem Namen für die neue Gemeinde.

Das Wort *Harvest* (»Ernte«) hatte ich schon immer gemocht und eigentlich hatte ich unsere erste Gemeinde *Harvest Community Church* nennen wollen. Aber unser damaliges Leitungsteam empfand, der Begriff *Harvest* im Namen einer Gemeinde klinge »zu sehr nach Landwirtschaft«.

In meinem Herzen war ich entschlossen, die neue Gemeinde *Harvest Church* oder ähnlich zu nennen. Au-

> Der Name »Harvest Rock« hat im Englischen einen jugendlichen Klang und passt gut zu dem, was Gott mir aufs Herz gelegt hat; aber ich glaube, er hat auch eine ernste Bedeutung: dass wir eine große Ernte sehen werden, die auf diesem Felsen für den Herrn gesichtet werden wird.

ßerdem wollte ich junge Menschen erreichen und deshalb einen Namen wählen, mit dem sie sich identifizieren konnten. Ich kann nicht sagen, dass der Herr auf übernatürliche oder prophetische Weise zu mir gesprochen hätte, aber in meinem Kopf hörte ich ganz klar den Namen *Harvest Rock Church* (»Ernte-Fels-Gemeinde«).

Es ist bekannt, dass die Ernte früher auf einem Felsen oder einem großen Stein gedroschen und dann gesichtet wurde. Jesus selbst wird als der Fels bezeichnet. Der Name *Harvest Rock* hat im Englischen einen jugendlichen Klang und passt gut zu dem, was Gott mir aufs Herz gelegt hat; aber ich glaube, er hat auch eine ernste Bedeutung: dass wir eine große Ernte sehen werden, die auf diesem Felsen für den Herrn gesichtet werden wird.

Als ich einigen Leitern in Kansas City den Namen vorstellte, schien er allen zu gefallen. Die *Harvest Rock Church* war geboren!

Beginn als Gebetsversammlung

Wir wussten zwar, dass wir erst im April offiziell mit unserem neuen Vorhaben beginnen würden, aber Gott zeigte mir, dass wir zur Vorbereitung auf die Gemeindegründung bereits im März mit einer Gebetsversammlung beginnen sollten. Und eines hatte ich auch durch unser erstes Scheitern gelernt: Eine Gemeinde muss auf Gebet gegründet sein. So begann *Harvest Rock* ursprünglich als Gebetstreffen.

Lou und ich beschlossen, 15 Personen einzuladen, die nicht Mitglied einer Gemeinde waren. Einige gehörten ehemals zur *Abundant Life Church*, waren aber aus verschiedenen Gründen ausgetreten und trieben nun ohne Gemeindeanschluss »umher«. Andere waren einfach Freunde, die uns nahe standen. Wir waren allerdings nicht sicher, ob sie teilnehmen würden.

Zumindest die Engles und Ahns würden da sein und mein Bruder Dr. Chae Woo, ein Chirurg. Zu unserem Erstaunen erschienen in unserem Haus genau 30 Personen an jenem ersten Freitagabend im März. In der folgenden Woche waren es schon 65 Menschen, die sich in unser Wohn- und Esszimmer drängten. Ich erinnere mich noch, wie ich dachte: *Wo kommen nur all diese Leute her? Wer sind sie überhaupt?* Ich kannte kaum einen von ihnen. Aber die Nachricht hatte die Runde gemacht, dass der Heilige Geist in unseren Treffen spürbar anwesend war, und deshalb kamen die Menschen in Scharen.

Wir und unsere Familien befanden uns seit Ende Januar in dieser Zeit der Erneuerung oder neuen Ausgie-

> Der Heilige Geist erfüllte viele der Anwesenden. Wir konnten die Kraft und Gegenwart Gottes regelrecht spüren. [...] Und das war auch der Grund, warum die Leute kamen.

ßung des Geistes, die als »Toronto-Segen« bekannt wurde, und taten nichts anderes, als den Heiligen Geist in unsere Gebetstreffen einzuladen. Diese waren sehr einfach. Wir nahmen uns mindestens eine Stunde Zeit, Gott anzubeten. Danach folgte eine kurze Predigt, bevor wir für die neue Gemeinde beteten. Zum Schluss beteten wir für persönliche Anliegen der Leute.

Der Heilige Geist erfüllte viele der Anwesenden. Wir konnten die Kraft und Gegenwart Gottes regelrecht spüren. Die Menschen durften im Heiligen Geist ruhen und wurden durch seine Berührung bevollmächtigt. Man sah den Frieden auf ihren Gesichtern und fühlte die sanfte körperliche, emotionale und geistliche Erfrischung im ganzen Raum. Und das war auch der Grund, warum die Leute kamen.

Bei unserem dritten Gebetstreffen im März vergaßen wir zwar zu zählen, aber am letzten Freitag, als meine Frau aufhörte zu zählen, waren es 72 Personen, die sich wie Sardinen in einer Büchse in unser Wohnzimmer zwängten. Es war klar, dass wir einen anderen Ort für unsere Versammlungen finden mussten.

Ein Pastor in Arcadia, einer Nachbarstadt von Pasadena, bot uns ein großes Gebäude mit viel Platz an, wo wir den Menschen ungehindert dienen konnten. Das war wichtig, denn wir stellten bald fest, dass die Leute unter der Kraft des Heiligen Geistes hinfielen, wenn wir für sie beteten. Es war also unverzichtbar, dass wir genügend Platz auf dem Boden hatten! Zu unserem Bedauern erfuhren wir, dass das Gebäude nur an den Samstagabenden frei war, aber wir nahmen trotzdem an.

Zur ersten öffentlichen Versammlung kamen über 300 Personen. Wir wussten, dass die meisten von ihnen nicht nach einer neuen Gemeinde suchten, sondern einfach Sehnsucht nach Erneuerung hatten und uns deshalb aus anderen Gemeinden besuchten. Woche für Woche erwies Gott seine mächtige Gegenwart. An jedem Samstagabend beteten wir, und der Heilige Geist ließ einen von Menschen übersäten Boden zurück, die in der Gegenwart Gottes ruhten.

So ging es einige Monate weiter, aber irgendwann hatte ich den Eindruck, dass ich unter diese Gebetstreffen einen Schluss-Strich ziehen und eine Gemeinde aufbauen solle. Diesen Eindruck gab ich an die Gemeinde weiter und bat alle, die Mitglieder anderer Gemeinden waren, dorthin zurückzukehren, es sei denn, sie fühlten sich von Gott geleitet, sich der *Harvest Rock Church* anzuschließen.

Am darauf folgenden Sonntag kamen nur 150 Personen, aber ich war nicht im Geringsten enttäuscht. Ich wusste, dass diese Menschen wirklich daran interessiert waren, Teil von *Harvest Rock* zu werden. Wir strebten nicht nach großen Mengen, sondern wollten eine Gemeinde bauen.

Das Wachstum der Gemeinde war nicht spektakulär, aber gegen Ende 1994 hatten wir 250 Mitglieder. In Bezug auf meinen geistlichen Dienst betrachtete ich dieses Jahr als eines der besten meines Lebens und konnte mir nicht vorstellen, dass es noch besser kommen könnte. Wir erlebten Erneuerung, Menschen kamen zu Christus und die Gemeinde wuchs. Und doch waren die Ereignisse des Jahres 1994 nichts im Vergleich zu dem, was im folgenden Jahr geschehen sollte.

Der Kontakt zur Toronto Airport Vineyard

Lou Engle und ich schafften es im Oktober 1994 endlich, an der *Catch the Fire*-Konferenz in der *Toronto Airport Vineyard Christian Fellowship* teilzunehmen. Es war wieder eine Erfahrung, die unser Leben verändern sollte.

Viele Dinge geschahen im Verlauf dieser Konferenz. Das Bedeutsamste aber war wohl die Begegnung mit John Arnott, dem leitenden Pastor der *Airport Vineyard*. Arnott war mit einem Schlag international bekannt geworden, als am 20. Januar 1994 in seiner Gemeinde die Erneuerung begonnen hatte. Ich traf ihn nur kurz, als ich ihm unerwartet in der Halle des Hotels begegnete, in dem die Konferenz stattfand. In der kurzen Zeit, die uns zur Verfügung stand, fragte ich ihn, ob er irgendeine Möglichkeit sähe, 1995 nach Pasadena zu kommen und dort Erneuerungsversammlungen zu halten. Er teilte mir mit, dass er schon über 300 Einladungen für dieses Jahr erhalten hatte und wahrscheinlich nicht würde kommen können. Dennoch riet er mir, ihm per Fax eine Einladung zu schicken, denn: »Man kann nie wissen.«

Ich schickte ihm also ein Fax und erhielt nur wenige Wochen später im Dezember einen Anruf von seiner Sekretärin. John würde am Neujahrswochenende in San Francisco sein. Er war bereit, für drei Tage nach Pasadena zu kommen, allerdings nicht übers Wochenende, sondern von Montag bis Mittwoch. Ob wir noch interessiert seien?

Ohne zu zögern nahm ich sein Angebot an. Da die Zusage so kurzfristig kam, hatten wir kaum Zeit, die Termine öffentlich anzukündigen. Allerdings trafen wir uns damals wöchentlich mit 25 Pastoren zum Gebet, und diesen schlug ich vor, in ihren Gemeinden die Werbetrommel zu rühren und die Veranstaltungen gemeinsam durchzuführen. Alle waren einverstanden.

Wir mieteten die größte Veranstaltungshalle in Pasadena: das Mott-Auditorium, und ich werde den Anblick nie vergessen, als ich mit John Arnott am Abend des 2. Januar 1995 die Halle betrat.

Über 2 000 Menschen hatten sich dort versammelt; es schien mir wie eine Generalversammlung aller Christen aus ganz Pasadena. Ich sah ehemalige Gemeindemitglieder und andere Personen, die ich seit Jahren nicht mehr getroffen hatte. Es schien, als wären alle gekommen, die ich kannte, und Hunderte mehr, die ich noch nie gesehen hatte. Die Kraft Gottes fiel in den folgenden Tagen auf die Besucher. Die elektrisierende Gegenwart des Heiligen Geistes erfüllte den ganzen Raum und es geschahen Zeichen, Wunder und Heilungen (vgl. 2 Chr 5,13–14; Apg 2,43). Die Erneuerung war tatsächlich gekommen und hatte nicht nur unsere Gemeinde, sondern das ganze Gebiet von Pasadena erfasst.

Die Verbindung zur Glendale Vineyard

Aber es geschahen auch andere bedeutsame Dinge. Für mich selbst war vor allem die letzte Versammlung besonders wichtig, die John Arnott während seines dreitägigen Besuchs am Mittwoch hielt. Während der Anbetungszeit, bevor John Arnott aufstand, um zu sprechen, hörte ich Gott deutlich zu mir sagen: »Du sollst dich mit Rick Wright zusammenschließen.«

Rick war Pastor der *Glendale Vineyard,* einer der 25 Gemeinden, die die Erneuerungsversammlungen mit John Arnott gemeinsam veranstalteten. Ich kannte Rick nur flüchtig, hatte aber schon von ihm und seinem Dienst gehört.

Rick war in unserer Gegend als Prophet anerkannt, doch erst durch die Erneuerung freundeten wir uns näher an. Er und seine Frau Pam waren 1994 mehrmals in Toronto gewesen und hatten schon seit Jahren für Erweckung gebetet. Im Oktober war ich Rick in Toronto begegnet und hatte ihn zu unseren wöchentlichen Gebetstreffen der Pastoren eingeladen. Außerdem hatte ich ihn gebeten, in der *Harvest Rock Church* zu predigen, und er wiederum hatte mich eingeladen, eine Erneuerungsversammlung für seine Gemeinde zu leiten.

Vor diesem Hintergrund war ich etwas überrascht, als Gott mir deutlich machte, ich solle mich mit Rick zusammenschließen, und wusste nicht recht, was das bedeuten sollte. Zu meiner Verwunderung kam Rick unmittelbar, nachdem Gott zu mir gesprochen hatte, auf mich zu. Er saß einige Reihen entfernt und kam mitten in der Anbetungszeit zu mir, weil Gott auch zu ihm gesprochen hatte. Er sagte: »Ché, die Himmel sind für dich offen, und Gott schenkt dir eine Strategie, um diese Stadt zu erreichen.«

Ich wollte schon rufen: »Rick, du ahnst ja nicht, was du da sagst ... die Strategie hat nämlich mit dir zu tun!«, beschloss aber, nichts zu sagen. Lou und ich hatten bereits geplant, den folgenden Donnerstag mit Fasten und Gebet zu verbringen; also luden wir Rick ein, sich uns anzuschließen.

Während dieser Zeit des Betens und Fastens zeigte Gott uns allmählich genauer, was er damit meinte, dass Rick Wright und ich uns zusammenschließen sollten. Wir sollten uns nicht damit begnügen, uns ein gemeinsames Ziel für unsere Stadt zu setzen. Gott forderte uns auf, unsere Gemeinden zu vereinen!

Wir hatten ohnehin vor, eine *Vineyard*-Gemeinde zu werden, sodass es in dieser Hinsicht keine Probleme gab. Die Schlüsselfrage war, wer die vereinte Gemeinde leiten sollte. Im theologischen Seminar hatte ich gelernt, dass ein solcher Zusammenschluss nur erfolgreich sein konnte, wenn eine Gemeinde ihre Vision und die Grundsätze ihrer Gemeindepraxis aufgab und die der anderen übernahm.

Nach sorgfältigen Überlegungen hielten wir es für das Beste, wenn die *Glendale Vineyard*-Gemeinde die Vision und die Satzung von *Harvest Rock* übernahm und ich der leitende Pastor wurde. Rick war so hungrig nach Gott und seinem Willen, dass er bereit war, einen Dienst aufzugeben, in dem er sich 18 Jahre lang eingesetzt hatte!

Nach langem Gebet und der Bestätigung durch die *Vineyard*-Leiter schlossen wir uns im März 1995 zur *Harvest Rock Vineyard*-Gemeinde zusammen. Es sollte allerdings nicht die letzte größere Veränderung sein, die aus den Versammlungen mit John Arnott resultierte. John schlug uns später noch etwas anderes vor, das unser Leben völlig verändern sollte.

Erneuerung wird Wirklichkeit ... einige praktische Vorschläge

- Bringen Sie Erneuerung in jeden geistlichen Dienst mit hinein, an dem Sie mitwirken.
- Wenn Sie Pastor sind, möchte ich Sie ermutigen, in Ihren Gottesdiensten für eine Atmosphäre zu sorgen, in der der Heilige Geist willkommen geheißen wird. Ich versuche dies zum Beispiel durch einen intensiven, ganz auf Gott ausgerichteten Anbetungsteil zu erreichen. Darüber hinaus plane ich am Ende jedes Gottesdienstes eine Zeit für persönliches Gebet ein. Wir haben die Mitglieder unserer Gemeinde darin geschult, wie sie beim Erneuerungsgebet und Segnen vorgehen sollen, und lassen sie am Ende jeder Erneuerungsversammlung oder am Ende unserer Sonntagsgottesdienste für andere beten, wenn diese das möchten.
- Als Pastor sollten Sie vielleicht eine Predigtreihe über entsprechende Themen veranstalten, zum Beispiel über Erweckung oder über den Heiligen Geist.
- Fördern Sie den prophetischen Dienst in Ihrer Gemeinde, besonders in Verbindung mit der Anbetung. Er führt in die Gegenwart Gottes, genau wie das »Zeugnis Jesu« (Offb 19,10).

- Vergessen Sie nicht, in Gottesdiensten und anderen Versammlungen die Gelegenheit zu geben, dass Menschen ihre Erfahrungen mit Erweckung bezeugen. Nichts vermittelt dieses Thema besser als Erfahrungsberichte aus erster Hand.
- Achten Sie darauf, dass Erweckung zu den Prioritäten Ihrer Gemeinde gehört. Helfen Sie den Mitgliedern Ihrer Gemeinde, diese Priorität zu übernehmen.

Kapitel 3

Die prophetische Gemeinde

Ich bin fest davon überzeugt, dass der Schlüssel für jeden erfolgreichen Dienst die Führung durch Gott selbst ist. Anders ausgedrückt: »Tue nur, was du den Vater tun siehst« (Joh 5,19).

Oft schmieden wir eigene Pläne und bitten Gott dann, sie zu segnen. Besser ist es herauszufinden, was seine Pläne sind, und alles andere darauf auszurichten. Aus diesem Grund bringen alle Christen, die in einer engen Beziehung zu Jesus bleiben, viel Frucht.

Dieses Prinzip habe ich in meinem eigenen Leben und auch im Dienst der *Harvest Rock Church* oftmals erlebt. Jeder entscheidende Segen und jeder wirkliche Durchbruch, den wir erlebt haben, war ein Resultat dieses Prinzips, das wir auch dann konsequent einhielten, wenn die Dinge auf den ersten Blick keinen Sinn zu ergeben scheinen. Im Folgenden möchte ich ein paar Beispiele nennen.

Erneuerungsversammlungen

Als John Arnott im Januar 1995 im Mott-Auditorium Versammlungen hielt und sah, wie viele Menschen daran teilnahmen, schlug er sofort vor, die Zahl der Versammlungen zu erhöhen.

Damit war ich jedoch nicht einverstanden. Unsere Gemeinde war noch nicht einmal ein Jahr alt. Aus meinen menschlichen Überlegungen heraus argumentierte ich, dass unsere Leute bei allabendlichen Veranstaltungen rasch erschöpft sein würden und das würde früher oder später das Ende unserer jungen Gemeinde bedeuten.

Im folgenden Monat luden wir Wes Campbell ein, im Mott-Auditorium Versammlungen zu halten. Auch er ist ein Christ, der überall in den Vereinigten Staaten mit Vollmacht Erneuerung weitergibt. Wieder waren die Versammlungen überaus erfolgreich und brachten viel Frucht. Wes ermutigte uns ebenfalls, zusätzliche Veranstaltungen zu erwägen.

Da ich den Eindruck hatte, dass Gott uns damit etwas sagen wollte, und im Hinblick auf den bevorstehenden Zusammenschluss mit Rick Wright und der *Vineyard*-Bewegung brachte ich den Vorschlag ein, an jedem Wochenende Erneuerungsversammlungen zu halten. Ich argumentierte, dass uns nach dem Zusammenschluss mehr Leiter und Helfer zur Verfügung stehen würden, um die zusätzlichen Treffen zu bewältigen.

Unser Ziel war dabei jedoch nicht, noch mehr Leute in unser Gebäude zu holen, sondern mit Gottes Führung voranzugehen und ihm jede Gelegenheit zu geben, sein Volk zu segnen, zu erfrischen und zu verändern.

Als ich mit Rick über die Idee sprach, drei Versammlungen in der Woche zu halten, stimmte er zu, wandte aber ein, dass mehr als drei Veranstaltungen für unsere Gemeinde zu viel wären. Wir beschlossen, den übrigen Pastoren unseren Vorschlag zu unterbreiten, mit denen wir uns wöchentlich zum Gebet trafen, und mit ihnen über unsere Idee zu sprechen. Als wir dies taten, erkannten wir jedoch, dass unsere Argumentation auf Logik und menschlichen Überlegungen beruhte – Gott hatte andere Pläne. Ironischerweise benutzte er Rick, um unser Denken zu verändern.

Ich werde nie vergessen, was dann geschah. Während unseres nächsten Gebetstreffens begann der Heilige Geist Rick Prophezeiungen zu schenken und unser Augenmerk auf den Abschnitt in 2. Könige, Kapitel 13 zu lenken. Dort wird berichtet, wie Elisa König Joasch aufforderte, mit seinen Pfeilen auf den Boden zu schlagen. Der König tat es, hörte aber nach dem dritten Mal auf. Elisa wurde zornig, weil der König nicht öfter auf die Erde geschlagen hatte. »Du hättest fünf- oder sechsmal schlagen müssen«, rief der Prophet (Vers 19). Die Folge war, dass der König nur drei Schlachten gewann, statt den Feind völlig zu besiegen.

Rick begann zu prophezeien: »So wie König Joasch aufgefordert wurde, auf die Erde zu schlagen, und es fünf- oder sechsmal hätte tun müssen, so sollen auch wir nicht nur dreimal in der Woche Erneuerungsversammlungen halten – sondern an fünf oder sechs Abenden pro Woche!«

Dieser Eindruck war so stark, dass jeder im Raum bestätigte, dass Gott gesprochen hatte. Und es weckte in mir den Glauben, mit den zusätzlichen Versammlungen zu beginnen!

John Arnott hatte zugestimmt, im März nach Pasadena zurückzukommen, und wir vereinbarten, ab diesem Zeitpunkt mit den zusätzlichen Abenden zu beginnen. Der Startschuss fiel also am 24. März 1995. Drei Wochen lang trafen wir uns jeden Abend und danach eineinhalb Jahre lang fünfmal pro Woche. Nach drei Jahren kehrten wir wieder zu drei wöchentlichen Abenden zurück, obwohl wir den Eindruck haben, dass eine neue Welle unsere Erneuerungsversammlungen erfassen wird.

Es fiel mir nicht leicht, zu den Veranstaltungen weiterhin in das Mott-Auditorium zu gehen, denn dort hatte die Gemeinde, die ich gegründet und als Pastor geleitet hatte, früher ihre Versammlungen abgehalten. Inzwischen benutzten sie das Gebäude zwar nicht mehr, aber ihre Räumlichkeiten befanden sich direkt gegenüber im *U. S. Center for World Mission*.

Da sich jedoch mehrere andere Gemeinden an den Dauerveranstaltungen beteiligten und die *Harvest Rock Church* in einer anderen Stadt lag, war das zentral gelegene Auditorium die beste Wahl. Es wäre mir aber nicht im Traum eingefallen, dass der Herr uns auffordern würde, unsere Gemeinde in das Mott-Auditorium zu verlegen, aber genau das geschah als Nächstes.

Umzug in das Mott-Auditorium

»Ché, ich weiß, dass du nicht diesen Eindruck hast, aber ich glaube wirklich, Gott möchte, dass wir mit unserer Gemeinde ins Mott ziehen.« Mindestens ein halbes Dutzend Mal bekam ich das von meinem Freund und Mitpastor Lou Engle zu hören. Lou wohnte zwar gleich gegenüber dem Auditorium, aber das war nicht der Grund. Gott hatte ihm den Eindruck geschenkt, dass die Nazarener das Mott-Auditorium damals der Erweckung geweiht hatten und dass Gott sich uns dort wieder zeigen würde.

Er spürte, dass es für unsere Gemeinde entscheidend sein würde, ihren Sitz im Mott zu haben, um die Fülle des historischen Wirkens Gottes, das offenbar unmittelbar bevorstand, einzuläuten und zu erfahren. Ehrlich gesagt wollte ich von einem Umzug der *Harvest Rock Church* nichts wissen, schon gar nicht an einen Ort, der in unmittelbarer Nähe meiner früheren Gemeinde lag. Beharrlich, ja beinahe verärgert, lehnte ich diese Idee ab.

Außerdem hielt ich es für unsinnig, das Mott für unsere Gottesdienste zu mieten. Es stimmte zwar, dass die Erneuerungsversammlungen die Tagesmiete für das große Gebäude abdeckten, aber noch mehr Miete für das Auditorium zu zahlen, das war eine ganz andere Geschichte.

Schließlich brachte die *Glendale Vineyard,* mit der wir uns zusammenschlossen, eine beträchtliche Hypothek auf ihr Gebäude mit. Wenn wir uns in diesem Gebäude versammeln konnten, warum sollten wir dann das Mott für die Sonntagsgottesdienste mieten?

Doch wieder forderte Gott mich zu einem Schritt auf, der jeder Vernunft zu spotten schien. Jim Goll, ein guter Freund und geachteter Prophet aus Kansas City, rief mich an.

»Ché, ich hatte letzte Nacht einen Traum über dich. Ich sah dich mit einer Flasche ›Mott's Apfelsoße‹ in der Hand ... hat dir das vielleicht irgendetwas zu sagen?«, sinnierte er.

»Du wirst es nicht glauben«, gab ich zurück, »aber Lou und ich prüfen gerade, ob der Herr uns führt, mit unserer Gemeinde in ein Gebäude zu ziehen, das ›Mott-Auditorium‹ heißt. Also, wenn du mich fragst, können wir uns das überhaupt nicht leisten. Außerdem liegt es ganz in der Nähe meiner früheren Gemeinde. Ich glaube einfach nicht, dass es richtig wäre, dorthin zu ziehen«, unterstrich ich mit allem Nachdruck. Ich dachte, ich hätte zumindest mich selbst endgültig überzeugt.

»Jetzt weiß ich, was der Traum bedeutet«, entgegnete Jim. »Ché, du hältst das Mott in deinen Händen. Ich glaube, Gott will, dass du es in Besitz nimmst. Die

Apfelsoße bedeutet, dass du auf diese Weise viel Frucht bringen wirst. Außerdem habe ich den Eindruck, dass Gott dich mit allem versorgen wird – du brauchst dir also keine Gedanken über die Kosten zu machen. Und auch um die Sache mit deiner früheren Gemeinde wird er sich schon kümmern.«

Ich muss ehrlich sagen, dass es seit der Gründung der *Harvest Rock Church* zu meinen schwierigsten und demütigendsten Erfahrungen gehörte, Gott in diesem Punkt zu gehorchen und in das Mott-Auditorium zu ziehen. Es war schon deshalb schwierig, weil ich dem neuen Pastor meiner früheren Gemeinde gesagt hatte, dass ich nicht daran interessiert sei, dies zu tun.

Als Jim Goll mir jedoch von seinem Eindruck erzählte, erkannte ich, dass ich mich vor diesem Pastor

> Genauso wie die zusätzlichen Versammlungen zunächst keinen Sinn ergaben, dann aber enorme Frucht brachten, so erkenne ich heute rückblickend, dass auch der Umzug in das Mott die richtige Entscheidung war.

demütigen musste, um meine Aussage zurückzunehmen. Ich fragte Gott, ob ich in dieser Situation mein Wort halten und den Umzug in das Mott unterlassen sollte, aber durch prophetische Worte und seinen göttlichen Rat führte er mich anders.

Ich hatte schon zu Beginn unserer Arbeit den festen Entschluss getroffen, dass wir nur tun würden, »was wir den Vater tun sehen« (Joh 5,19), also musste ich tun, was er mir jetzt offenbar zu tun auftrug.

Genauso wie die zusätzlichen Versammlungen zunächst keinen Sinn ergaben, dann aber enorme Frucht brachten, so erkenne ich heute rückblickend, dass auch der Umzug in das Mott die richtige Entscheidung war.

Und Gott bestätigte seine Führung einen Monat nach dem Anruf von Jim Goll erneut.

Eine Engelserscheinung

Am 28. Mai 1995 erlebte das Mott in ganz außergewöhnlicher Weise die Gegenwart Gottes.

Meine Tochter Joy, die damals 12 Jahre alt war, und ihre beste Freundin Christine kamen gerade aus einer der Erneuerungsversammlungen und standen noch völlig unter dem Eindruck dieser Veranstaltung. Es war schon spät, als sie nach Hause kamen, und ich war gerade im Begriff einzuschlafen, als ich aus dem Wohnzimmer nebenan Gelächter und dumpfe Klopfgeräusche hörte.

Die beiden Mädchen campierten in ihren Schlafsäcken im Wohnzimmer, aber unter der Kraft des Heiligen Geistes zitterten sie so stark, dass sie laut auf den Boden klopften.

Es war zwar großartig, und ich freute mich für sie, aber sie machten so viel Lärm, dass ich nicht schlafen konnte. Da ich am nächsten Morgen früh aufstehen und im Sonntagsgottesdienst predigen musste, brauchte ich ausreichend Schlaf.

Ich ging also ins Wohnzimmer und bat die beiden freundlich, leise zu sein. Sie entschuldigten sich und versprachen es. Darauf ging ich wieder ins Bett.

15 Minuten später hörte ich sie schon wieder klopfen und lachen. Ehrlich gestanden war ich diesmal verär-

gert. Ich marschierte nach nebenan und sagte mit entschiedener Stimme: »Es freut mich ja, dass ihr das gerade erlebt, aber geht doch lieber in euer Zimmer und macht dort weiter; jedenfalls aber nicht direkt neben unserem Schlafzimmer!« Wieder entschuldigten sie sich; ich kehrte in mein Zimmer zurück und hörte keinen Ton mehr.

Am nächsten Morgen stellte ich fest, dass es im Haus still geworden war, weil sich etwas weit Herrlicheres ereignet hatte. Meine Frau, die in der Nacht ebenfalls versucht hatte, die Mädchen zur Ruhe zu bringen, hatte erkannt, dass der Heilige Geist etwas Einzigartiges mit ihnen machte.

Sie hatte gehört, dass Christine zu prophezeien begann: »Mott, Mott; wir müssen in das Mott gehen!«

Es war fast ein Uhr nachts gewesen. Da Sue weitere Störungen von mir hatte fernhalten wollen, aber erkannt hatte, dass Gott gerade etwas Wundervolles in diesen Kindern tat, war sie mit den Mädchen in das Auditorium gefahren.

In dem Augenblick, als sie die Tür des Gebäudes aufgeschlossen hatte, spürte sie die Herrlichkeit Gottes und sah einen weißen Dunst und Engel überall im Auditorium. Die Mädchen rissen ehrfürchtig die Augen auf. Als sie aufblickten, fingen sie an zu beschreiben, dass sie überall Tausende Tauben und Hunderte von Engel in allen Größen und Rassen sahen!

Sue rannte schnell auf die andere Straßenseite und klingelte die Engles aus dem Bett. Lou kam mit in das Mott, und auch er konnte die starke Gegenwart des Heiligen Geistes spüren, sah aber nichts. Nur die beiden Mädchen und Sue konnten die Engel und die Tauben sehen und darüber hinaus Blumen und andere erstaunliche Dinge. Es erschien ihnen wie eine Szene aus der Apostelgeschichte, als Begegnungen mit Engeln keine Seltenheit waren.

Lou beschloss, die Mädchen zu trennen und zu prüfen, ob sie unabhängig voneinander dasselbe sahen. Er fragte: »Was siehst du in dieser Ecke?«

Jede der beiden antwortete: »Einen Engel.« Dann beschrieben beide unabhängig voneinander genau denselben Engel, und auch Sue bestätigte, was sie sahen. Beide sahen und schilderten Blumen, wie sie auf der Erde nicht existieren.

Christine und Joy sahen außerdem Tausende von Tauben. Auf jedem Platz des Auditoriums saßen mehrere und weitere befanden sich an der Decke wie Scharen von Fledermäusen in einer Höhle. Sie sahen noch viele andere unglaubliche Dinge, aber was sie am meisten beeindruckte, waren die Engel, die sie als Kriegsengel beschrieben. Sie sahen riesige Engel, aber auch kleine, die wie Cherubim aussahen. Diese Erscheinungen dauerten danach noch fast sechs Monate an und auch andere Kinder konnten die Engel im Mott sehen.

Ich bat meine Tochter, mir die Hände aufzulegen, doch auch so konnte ich nichts von alledem sehen. Es war genau das geschehen, was Gott verheißen hatte: »Und nach diesem will ich meinen Geist ausgießen über alles Fleisch, und eure Söhne und Töchter sollen weissagen [...], eure Jünglinge sollen Gesichte sehen« (Joel 2,28). Doch unsere beiden Kinder sollten nicht die Einzigen bleiben, die vom Heiligen Geist geleitet wurden.

Unser Pastorenteam wächst

Gott führte uns weiterhin, indem er uns immer genau zur rechten Zeit auf übernatürliche Weise genaue Einzelheiten offenbarte, die wir wissen mussten, um sein Werk fortzusetzen.

Graham Cooke sagt dazu in seinem Buch *Developing Your Prophetic Gift* (»Wie Sie Ihre prophetische Gabe entfalten«):

> *»Der prophetische Dienst gilt der Gemeinde; er zeigt uns, in welche Richtung wir gehen sollen, wer leiten wird und wie wir unser Ziel erreichen werden. Der prophetische Dienst vermittelt Gottes Perspektive, setzt Vision und Berufung frei und untergräbt den Feind. Er dient dazu, dass die Gemeinde ihre Berufung erfüllt.«*[1]

Und Gott enttäuschte uns nicht.

Als wir mit den zusätzlichen Versammlungen begannen, brauchten wir unbedingt einen vollzeitigen Verwalter, der die administrativen Aufgaben der Erneuerungsversammlungen und der Gemeinde übernehmen konnte. Ich hatte keine Ahnung, wie ich jemanden finden sollte,

> Wenn wir Gottes Führung folgen, erhält jeder von uns gleichermaßen die Gelegenheit, Gott so zu dienen, wie es seinen Absichten und unseren Erfordernissen am besten entspricht.

der sowohl die entsprechenden geistlichen Voraussetzungen als auch die nötigen Fähigkeiten mitbrachte.

Nachdem wir diesen Entschluss gefasst hatten, hatte meine Frau eine Vision. Es war ein deutlich sichtbares Bild, fast wie ein Tagtraum, der völlig real wirkte, und er handelte davon, dass Gott an jenem Tag durch Sue Aufschluss über eine Entscheidung geben würde, die wir treffen mussten (vgl. Apg 10,11). Sue sah Jeff Wright, den Bruder von Rick Wright, mit einem Klemmbrett in der Hand um das Mott-Auditorium gehen. Sofort war ihr klar, dass Jeff unser Verwalter sein sollte.

Als Sue mir von der Vision berichtete, erkannte ich, dass diese von Gott kam. Erst wenige Monate zuvor hatte Ricks Frau Pam mir ein prophetisches Wort mitgeteilt, von dem Sue nie etwas erfahren hatte. Pam hatte damals gesagt, sie habe den Eindruck, dass Jeff einmal zu unseren Mitarbeitern gehören würde. Also rief ich Jeff an und fragte ihn, ob wir uns sofort treffen könnten.

Als ich ihm von Sues Vision und von Pams prophetischem Wort erzählte, kamen ihm die Tränen. Jeff wusste schon länger, dass er berufen war, aber er konnte sich nicht vorstellen, wie diese Berufung sich in seinem Leben erfüllen sollte. Schon zwölf Jahre zuvor hatte der international anerkannte Prophet Dr. Bill Hamon ihm durch ein prophetisches Wort mitgeteilt, dass er Gott mit seinen beruflichen Fähigkeiten dienen würde. Doch da sich keine Tür zu öffnen schien, hatte er einfach treu weitergearbeitet und war ein erfolgreicher Geschäftsmann geworden. Doch in all diesen Jahren hatte Gott ihn immer wieder an seine eigentliche Berufung erinnert.

Nun sollte dieses Versprechen also Wirklichkeit werden. Jeff wurde nicht nur einer meiner engsten Freunde, sondern ist der beste Pastor mit administrativen Funktionen, mit dem ich je zusammengearbeitet habe. Seine Geschichte ist einfach ein Beweis für Gottes Treue: Wenn wir seiner Führung folgen, erhält jeder von uns gleichermaßen die Gelegenheit, Gott so zu dienen, wie es seinen Absichten und unseren Erfordernissen am besten entspricht.

Dieses Prinzip wiederholte sich kurz darauf in noch größerem Ausmaß. Nicht lange nach unserem Zusammenschluss mit der *Glendale Vineyard*-Gemeinde luden wir Jim Goll ein, wieder nach Pasadena zu kommen und einige Erneuerungsversammlungen zu leiten. In einem besonderen Treffen mit unseren Leitern erhielt Jim ein prophetisches Wort und teilte uns mit, dass sich noch weitere Gemeinden mit *Harvest Rock* zusammenschließen würden.

Lou und ich wussten sofort, welche beiden Gemeinden dazugehören würden. Wir hatten feste Beziehungen zu Jim und Laura Johnston, den Pastoren der *Cornerstone Christian Fellowship*, sowie zu Karl und Debbie Malouff, den Pastoren der *Community Bible Church*, geknüpft. Auch diese beiden Gemeinden erlebten die Erneuerung ganz stark und hatten uns gemeinsam mit anderen Gemeinden der Umgebung geholfen, die zusätzlichen Versammlungen durchzuführen.

Doch in einer Hinsicht unterschieden sich diese beiden Gemeinden von den anderen. Sie engagierten sich stärker und unsere Verbindungen waren umfassender. Beide hatten ihre Lobpreis-Teams und die Mitglieder ihrer Gemeinde für die Erneuerungsversammlungen zur Verfügung gestellt. Jim hatte bereits begonnen, abwechselnd mit Lou, Rick und mir in den Abendveranstaltungen zu predigen.

Noch wichtiger aber war, dass Gott sowohl Jim als auch Karl bereits deutlich gemacht hatte, dass sie sich mit uns zusammenschließen sollten – noch bevor Jim das prophetische Wort an uns weitergab. Wir hatten nur noch keine Gelegenheit gehabt, diesen Schritt miteinander zu besprechen. Im September 1995 schlossen wir uns zusammen und gewannen zwei weitere hervorragende Pastoren-Ehepaare für unser Team.

1998 erhielt auch eine spanische Gemeinde unter der Leitung meiner Freunde Carlos und Brenda Quintero Gottes Ruf, sich der *Harvest Rock Church* anzuschließen. Die Leiter ihrer Denomination bestätigten diesen Wunsch und stellten die Gemeinde für diesen Wechsel frei. Die Gemeinde behielt zwar im Wesentlichen ihre frühere Struktur, gehörte von da an jedoch zu *Harvest Rock*.

Rückblickend staune ich über das souveräne Handeln Gottes in diesem so umfassenden Zusammenschluss und über die Liebe und Einheit, die wir als Pastoren erfahren haben. Es war eine Erfahrung, die unsere Ehrfurcht weckte und uns demütig machte, und ich weiß, dass so etwas nicht oft geschieht. Rick, Jim, Karl und Carlos verdienen wirklich Anerkennung für ihre Demut und die Bereitschaft, ihr Amt als leitende Pastoren niederzulegen und unter einem anderen Pastor zu dienen.

Obwohl ich weiß, dass es für die Beteiligten nicht immer leicht war, besteht kein Zweifel daran, dass Gott uns zusammengebracht und auf übernatürliche Weise zu einem Team vereint hat. Zu einem Team, in dem wir einander sehr gut ergänzen und in der Lage sind, unserer örtlichen Gemeinschaft und anderen Kirchen in der Welt weiter zu dienen.

Austritt aus der Vineyard-Bewegung

Unmittelbar nach dem Zusammenschluss mit der *Glendale Vineyard* im März 1995 änderten wir unseren Namen von *Harvest Rock Church* in *Harvest Rock Vineyard*.

Im April erhielt ich einen weiteren Anruf von Jim Goll, der mir wieder eine prophetische Einsicht mitteilte. Jim empfing kontinuierlich aufschlussreiche prophetische Worte für unsere Gemeinde, die sich für unsere Arbeit als grundlegend erwiesen, aber in diesem Fall sollte es neun Monate dauern, bis wir verstanden, was es bedeuten sollte.

»Ché, als ich neulich in meinem Wohnzimmer saß, hatte ich eine Vision über dich. Ich hörte einen Korken knallen und sah dich mit einer Flasche Rosé-Wein. Auf dem Etikett stand ›Neun Monate‹. Die Flasche war geschüttelt worden und der Korken sprang heraus. Aber der Wein in der Flasche hatte sich verwandelt. Du hieltest eine andere Substanz in deinen Händen.«

Ich schätze Prophetie sehr, aber ich hatte nicht die geringste Ahnung, wovon Jim sprach. Was mich noch mehr frustrierte, war die Tatsache, dass Jim zwar eine Auslegung zu diesem Wort empfangen hatte, aber von Gott nicht die Erlaubnis erhielt, mir diese mitzuteilen. Er sagte, er würde mich neun Monate später anrufen, um mir den Rest der Geschichte zu erzählen.

In der Zwischenzeit vergaß ich den Traum. Die nächsten Monate beanspruchten mit zahlreichen Segnungen und Herausforderungen unsere ganze Aufmerksamkeit. Die Erneuerungsversammlungen wuchsen immer mehr, aber zugleich nahm auch die Kritik der Leute zu, denen die Ereignisse in Toronto und im Mott nicht gefielen.[2]

Viele bezeichneten die Geschehnisse in Kanada und auch bei uns als eine unechte Erweckung. Meiner Meinung nach gerieten die nationalen Leiter der *Vineyard*-Bewegung stark unter den Einfluss dieser Verfolgung und der Ablenkungen, was zur Folge hatte, dass sie die Gemeinde in Toronto baten, ihre Verbindung zu *Vineyard* zu lösen.

Wie viele andere war auch ich über diese Aufforderung an die Gemeinde in Toronto im Oktober 1995 schockiert. Am 8. Dezember trafen Lou, Rick und ich deshalb die Leiter der *Vineyard*-Bewegung. Wir dachten, dass man uns ebenfalls zum Rücktritt auffordern würde.

Auf der Fahrt nach Anaheim erörterten wir unsere Alternativen, und ich erklärte, dass wir die Erneuerungsversammlungen – unabhängig vom Ergebnis unserer Besprechung – auf jeden Fall fortführen sollten.

Es war offensichtlich, dass Gott dieses Werk begonnen hatte und dass wir es fortführen mussten – selbst wenn es den Austritt aus der *Vineyard*-Bewegung bedeuten sollte. Ich schloss mit den Worten: »Zumindest wissen wir, dass Gott uns für dieses Werk zusammengebracht hat.«

Kaum hatte ich diese Worte ausgesprochen, überholte uns ein Mercedes mit dem Nummernschild: »RICK CHE«. Was für eine Bestätigung, dass unser Zusammenschluss von Gott geplant worden war.

Ich rief: »Seht euch bloß das Nummernschild von diesem Wagen an!« Sowohl Rick als auch Lou schrien begeistert auf und wurden vom Heiligen Geist erfüllt. Anderen mag dies als eine Kleinigkeit erscheinen, aber für uns war es ein Zeichen, das unseren Glauben vor dem Treffen mit den *Vineyard*-Leitern enorm stärkte.

Gott schien zu sagen: »Ich habe die Erneuerungsversammlungen initiiert. Ich habe die Gemeinden zusammengebracht. Ich bin das Haupt von ›Harvest Rock‹ und ich bin mit euch.« Später stellte sich heraus, dass die *Vineyard*-Leiter uns nicht zum Rücktritt aufforderten. Einer von ihnen drückte es so aus: »Vielleicht ist es am besten, wenn unsere Wege sich in Freundschaft trennen.« Wir erklärten uns einverstanden.

Und so kam es, dass *Harvest Rock* am 8. Dezember aufhörte, eine *Vineyard*-Gemeinde zu sein.

Eine Woche später rief Jim Goll an. »Ché, erinnerst du dich an die Vision, die ich von dir und der Weinflasche mit der Aufschrift ›Neun Monate‹ und dem Korken hatte?«, hakte er nach.

»Ja«, erwiderte ich zögernd, als ich mich vage an unser Gespräch erinnerte, das vor vielen Monaten stattgefunden hatte.

»Ich werde dir jetzt die Auslegung der Vision mitteilen. Aber vorher möchte ich dich noch fragen, wie lange ihr mit ›Vineyard‹ zusammen wart«, fuhr er fort.

Ich erinnere mich noch, dass ich mit einer Hand die Monate zählte, während ich mit der anderen den Hörer hielt.

»Neun Monate«, antwortete ich schließlich.

»Verstehst du es?«, fragte er. Ich hatte keine Ahnung, wovon er sprach.

Jim half meinem Gedächtnis auf die Sprünge. »Na, die Weinflasche steht für eure Gemeinde. Ihr wart eine ›Vineyard‹-Gemeinde und nach neun Monaten sprang der Korken heraus. Ich sah, dass der Wein sich zu einer neuen Substanz verwandelte. Ihr wart keine ›Vineyard‹-Gemeinde mehr. Verstehst du es jetzt?

Gott zeigte mir durch die Vision, dass ihr nur neun Monate lang zu ›Vineyard‹ gehören würdet. Ich wollte dir die Auslegung schon damals sagen, aber er ließ es nicht zu. Es hätte als Spaltung missverstanden werden können, wenn ich euch damals gesagt hätte, dass ihr die Bewegung nach so kurzer Zeit verlassen würdet. Deshalb konnte ich euch nur die Vision schildern und musste dann neun Monate warten, bis ich euch die Auslegung mitteilen durfte«, schloss er.

Ich war völlig verblüfft; Gedanken schossen mir durch den Kopf. Mein erster Gedanke war, dass Jim ein unglaublicher Prophet war, dem Gott genaue Einzelheiten offenbarte. Ich war sehr dankbar über den Trost und die Ermutigung, die seine Worte mir vermittelten. Gott hatte uns tatsächlich souverän berufen, eine *Vineyard*-Gemeinde zu werden, und uns dann souverän wieder hinausgeführt.

Der Friede, den wir in den oft schwierigen Entscheidungen des geistlichen Dienstes empfinden, wenn wir wissen, dass Gott mit uns ist, lässt sich durch nichts ersetzen. Es ist mir unbegreiflich, wie jemand ohne die Gnade und Unterstützung einer soliden prophetischen Offenbarung und Bestätigung leiten kann. Ich danke Gott dafür, dass er uns dadurch in unserem Dienst leitet. Dr. Bill Hamon sagt: »Der prophetische Dienst gehört zu den Diensten, die dem Herzen Gottes besonders nahe stehen.«[3]

Ich bin Gott noch heute dankbar, dass wir einige Zeit lang eine Vineyard-Gemeinde sein konnten. Ich liebe die *Vineyard*-Bewegung und ihre Leiter. Ich empfinde tiefe Zuneigung und Wertschätzung für Bob Fulton, Todd Hunter sowie andere *Vineyard*-Leiter und ganz besonders für den inzwischen verstorbenen John Wimber. Seine Liebe zur Gemeinde, seine neuen Einsichten über Lobpreis und sein Dienst als begabter Leiter der Erneuerung haben viele Menschen zu Christus geführt. Was mich betrifft, so bin ich dafür jedenfalls außerordentlich dankbar. Zweifellos entwickelte sich unsere spezielle »geistliche DNA« teilweise durch viele großartige Werte, die wir durch unsere Verbindung zur *Vineyard*-Bewegung erhielten.

Aber ich bin Gott auch dafür dankbar, dass er uns aus *Vineyard* herausführte, weil er andere Pläne mit uns hatte. Er wollte mir das Vorrecht geben, eine andere Bewegung zu beginnen und zu leiten – eine, die alles umfassen würde, was er mir vor langen Jahren aufs Herz gelegt hatte. Es würde eine Vision für die Nationen sein.

Erneuerung wird Wirklichkeit ... einige praktische Vorschläge

- Integrieren Sie den prophetischen Dienst in Ihre Gemeinde, und tun Sie alles, was in Ihren Möglichkeiten steht, um prophetisch begabte Mitarbeiter zu fördern.
- Nehmen Sie an einer Konferenz über Prophetie teil, oder schreiben Sie sich in ein Seminar ein, das Ihnen zeigt, wie Sie mit diesem Dienst umgehen können. (Ein solcher Kurs wird zum Beispiel von der *Harvest International School of Ministry* angeboten.)
- Suchen Sie sich einen prophetisch begabten Mentor.
- Bauen Sie treue, prophetisch begabte Fürbitter auf.
- Lesen Sie Bücher wie: »Elias Auftrag« von John und Paula Sandford; *Prophets and Personal Prophecy* von Dr. Bill Hamon; *Developing Your Prophetic Gifting* von Graham Cooke; *User Friendly Prophecy* von Larry Randolph; *The Voice of God* von Cindy Jacobs.
- Achten Sie darauf, das Wirken Gottes in Ihrer Gemeinde oder in Ihrem Dienst nicht nach eigenen Vorstellungen oder Erwartungen zu steuern. Setzen Sie es sich zum Ziel, nach allem zu handeln, was Sie »den Vater tun sehen«.
- Ahmen Sie nicht nach, was Sie in anderen Gemeinden gesehen haben, sondern geben Sie Gott die Gelegenheit, Ihnen den persönlichen »Charakter« der Erneuerung zuzuteilen, den er für Sie und Ihre Gemeinde geplant hat.

Kapitel 4

Eine Vision für die Welt

Die *Harvest Rock Church* hatte sich der *Vineyard*-Bewegung auf unbegrenzte Dauer angeschlossen. Wir hatten nicht die Absicht, uns irgendwann einer anderen Bewegung anzuschließen oder sogar selbst eine zu gründen. Warum das Rad neu erfinden? Die *Vineyard*-Bewegung liebte die Erneuerung und pflanzte Gemeinden in aller Welt.

Die Leiter hatten mir von ihrem Wunsch berichtet, allein in Asien 500 Gemeinden zu gründen. Als ich das hörte, war es um mich geschehen; ich wollte dabei sein. Wer hätte damals gedacht, dass wir die Bewegung schon nach neun Monaten wieder verlassen würden?

Das Leben ist weder vollkommen noch vorhersagbar. Menschen ändern sich und dasselbe gilt auch für Bewegungen. Als die *Vineyard*-Leiter John Arnott und seine Gemeinde in Toronto baten, die Bewegung zu verlassen, hielten wir es für das Beste, uns ebenfalls von *Vineyard* zu trennen.

Nun stellte sich die Frage: Wohin gehören wir? Mir war es immer wichtig gewesen, auch in geistlichen Dingen Rechenschaft zu geben und das geistliche Dach einer übergreifenden Leiterschaft zu suchen. In dieser Situation lag es nahe, sich an John Arnott zu wenden.

John hatte vor, eine eigene Bewegung zu gründen, was er schließlich auch tat: Diese Bewegung erhielt den

Namen *Partners in Harvest*. Einige *Vineyard*-Gemeinden hatten ebenfalls ihre Bewegung verlassen, als die Gemeinde in Toronto zum Rücktritt aufgefordert wurde, und wandten sich nun an John und Carol Arnott.

Auch viele unabhängige Gemeinden, die von der Erneuerung erfasst worden waren, schlossen sich *Partners in Harvest* an, als sie von dieser Bewegung erfuhren. Außerdem hatte John mich persönlich eingeladen, Teil von *Partners in Harvest* zu sein. Ein solcher Schritt erschien völlig naheliegend.

Schließlich waren wir beide *Vineyard*-Gemeinden gewesen, die die Erneuerung liebten. Außerdem war John der geistliche Vater unserer eigenen Erneuerungsversammlungen. Er war der Erste gewesen, der uns half, die stadtweiten Veranstaltungen in Pasadena zu organisieren. Im Übrigen verband uns eine persönliche Freundschaft mit John und Carol, die wir liebten und außerordentlich schätzten.

John plante ein einleitendes Treffen mit den Pastoren, die an *Partners* interessiert waren. Dieses Treffen sollte mit dem dritten Jahrestag der Erneuerung in Toronto zusammenfallen. Ich kaufte mir ein Flugticket und bereitete mich darauf vor, im Januar nach Kanada zu fliegen, den Jahrestag mitzufeiern und mich der neuen Bewegung offiziell anzuschließen. Da erhielt ich erneut einen Anruf, der alle meine Pläne auf den Kopf stellen sollte.

Ein prophetisches Wort über eine neue Bewegung

Bis zu diesem Zeitpunkt hatte ich nur einen einzigen Anruf von Cindy Jakobs erhalten. Damals hatte sie mir jenes erstaunlich treffende prophetische Wort über mein

Ausscheiden aus dem Dienst mitgeteilt, in dem ich so viele Jahre gearbeitet hatte. Nun, Ende Dezember 1995, rief sie wieder an.

Cindy hatte gehört, dass wir nicht mehr zu *Vineyard* gehörten. Auch dieses Mal gab sie uns eine prophetische Anweisung weiter, die die Bestimmung unseres Dienstes ändern sollte.

»Ché, du sollst dich keiner anderen Bewegung anschließen. Der Herr hat dich dazu berufen, Vater einer eigenen Bewegung zu sein. Er hat dich berufen, ein Abraham zu sein, und du sollst ein geistlicher Vater für viele werden«, erklärte sie.

Ihre Worte explodierten förmlich in meinem Herzen. Jahre zuvor, als sie einmal in der *Abundant Life Church* gelehrt hatte, während ich dort Pastor war, hatte sie mir dasselbe Wort gegeben. Ich hatte die Abschrift sogar aufbewahrt. Oft dachte ich an ihre Worte zurück, doch in meiner Unsicherheit konnte ich mir nicht vorstellen, wie sie sich je verwirklichen sollten.

Nun sagte sie mir wieder dasselbe. Die Dinge hatten einen anderen Verlauf genommen, und meine Pläne, für immer ein Teil von *Vineyard* zu sein, waren hinfällig geworden. Ich wusste zwar, dass Gott etwas anderes für mich hatte – aber eine eigene Bewegung zu gründen, das lag meinen Vorstellungen inzwischen fern. Ich hegte also meine Zweifel, aber irgendetwas bestätigte mir innerlich, dass es tatsächlich Gottes Plan für mich war.

Als ich mit meiner Frau und dem ganzen Pastorenteam darüber sprach, empfand auch jeder von ihnen diese innere Bestätigung. Mein Mitpastor Rick Wright, der selbst ein Prophet ist, sagte, wir sollten Cindys Worte nicht nur befolgen, sondern sie auch John Arnott mitteilen.

So flogen Rick und ich Ende Januar zu dem geplanten Gründungstreffen von *Partners in Harvest*. Neben den Feierlichkeiten zum dritten Jahrestag der Erneuerung war eine Besprechung mit Leitern aus aller Welt vorgesehen, die sich zu diesem Netzwerk zusammenschließen wollten, um die Erneuerung in andere Teile der Erde zu bringen und dafür eine internationale Leiterschaft bereitzustellen.

Es war eine Ehre, an dieser Besprechung teilnehmen zu dürfen, aber ich hatte große Bedenken vor dem Gespräch mit John Arnott. Es war kein Vergnügen, ihm mitteilen zu müssen, dass wir nicht Teil seiner Bewegung werden würden.

Mein Zögern beruhte auch auf der Tatsache, dass ich bei ähnlichen Begegnungen mit anderen Menschen in der Vergangenheit auf Ablehnung gestoßen war. Hätte ich gewusst, wie verständnisvoll John reagieren würde, hätte ich mir überhaupt keine Gedanken gemacht.

Als wir dann miteinander sprachen, teilte ich ihm Cindys Worte und meinen Eindruck mit, dass es sich tatsächlich um ein Reden Gottes handelte. John und Carol reagierten mit großer Offenheit und gaben uns ohne Vorbehalte frei. Wir alle äußerten unser Bedauern, dass wir nicht enger zusammenarbeiten würden, aber die Arnotts ermutigten uns, der prophetischen Führung Gottes zu folgen.

Bis heute sind wir mit John und Carol eng verbunden. Sie haben uns nicht nur ihre Kanzel in Toronto geöffnet, sondern mich auch gebeten, mit ihnen gemeinsam in Indonesien und Südkorea zu dienen. Sie gehören zu den liebevollsten Menschen, die mir je begegnet sind. Kein Wunder, dass Gott sie überall in der Welt in mächtiger Weise gebraucht.

Harvest International Ministries

Für unsere neue Bewegung benötigten wir einen Namen. Auch in diesem Fall weiß ich nicht, ob Gott den Namen inspirierte oder ob er meiner eigenen Fantasie entsprang; jedenfalls stand mir klar und deutlich *Harvest International Ministries* vor Augen.

Es schien ein perfekter Name zu sein. Erstens glaubten wir, dass Gott eine große internationale Ernte bereithielt. Zweitens lauten die Initialen H-I-M und dieser Dienst sollte ja auch ganz von ihm (englisch: *Him*) – Jesus – handeln.

Unsere rechtlichen Nachforschungen ergaben zu meiner Überraschung, dass niemand in Kalifornien die-

> „Wir glaubten, dass Gott eine
> große internationale Ernte bereithielt –
> und im Mittelpunkt dieses Dienstes
> sollte Jesus stehen.

sen Namen schon verwendete. Also ließen wir uns als gemeinnützige Organisation unter diesem Namen ins Register eintragen.

H.I.M. war geboren und die Vision, die ich immer gehabt hatte, sollte nun Wirklichkeit werden: Wir würden in alle Welt gehen, um das Evangelium zu verkünden. Und Gott schenkte mir einige Ideen, wie dies geschehen würde.

Das Modell einer neutestamentlichen Gemeinde, das mich besonders beeindruckt, ist das der Gemeinde in Antiochia, die Paulus und Barnabas als erstes apostolisches Team aussandte, um in unerreichten Gebieten der damals bekannten Welt Gemeinden zu pflanzen (vgl. Apg 13).

In der Gemeinde in Antiochia gab es eine Vielfalt ethnischer und prophetischer Leiter, denen Lobpreis, Gebet und Mission am Herzen lag. Wir hatten die *Harvest Rock*-Gemeinde unter denselben Voraussetzungen begonnen. Wir lehrten, dass Mission das Ziel der Gemeinde sein sollte, und unsere Vision zielte darauf, in alle Welt Gemeindegründer auszusenden.

Außerdem hielten wir es für eine Vorsehung, dass *Harvest Rock* sich auf dem Campus des *U. S. Center for World Mission* befand. Die Gründer des Zentrums, die Missionare Ralph und Roberta Winter, haben wesentlich zu einem klaren Verständnis des Missionsbefehls beigetragen. Dank ihrer Arbeit sind viele Menschen zum Glauben an Christus gekommen, indem sie die noch unerreichten ethnischen Gruppen zu erreichen versuchten.

Damit war auch die Priorität von H.I.M. klar beschrieben. Die ersten Missionare, die offiziell von der *Harvest Rock Church* und H.I.M. ausgesandt wurden, waren Jamie und Chiho Harris, die zu einer unerreichten asiatischen Bevölkerungsgruppe mit etwa 2,5 Millionen Menschen gingen (aus Sicherheitsgründen habe ich nicht die Freiheit, nähere Angaben über diese Arbeit zu machen).

So zentral die unerreichten Völker auch für unseren Dienst sind, wir müssen andererseits auch das tun, was Gott uns zu tun aufträgt. So schließen wir in unserer Arbeit auch die bereits erreichten Völker ein und gründen dort Gemeinden, wenn der Heilige Geist uns entsprechend leitet.

Ein Prinzip, das Gott uns deutlich machte, ist, dass wir andere Gemeinden einladen sollen, in der Erfüllung dieser Aufgabe mit uns zusammenzuarbeiten. Wir erkannten, dass wir als örtliche Gemeinde nur ein bestimmtes Maß erreichen können. Wenn wir uns aber zu einem Netzwerk von Hunderten von Gemeinden mit ähnlichem Anliegen zusammenschließen, stehen uns genügend Mittel zur Verfügung, um in aller Welt Gemeinden zu pflanzen und das Reich Satans ernsthaft zu schwächen. Wir möchten Teil dessen sein, was Gott heute tut und wie er es tut.

Dr. Peter Wagner, ein Autor und international angesehener Leiter im Bereich des Gemeindewachstums, sieht es so:

»Analytiker des Gemeindewachstums identifizieren apostolische Netzwerke inzwischen als moderne Bewegung. Weltverändernde Leiter und Bewegungen treten in Erscheinung, um fortschrittliche Strukturen für Gemeindefamilien und Dienstgemeinschaften zu schaffen.«[1]

Das ist der Grund, warum unsere *Catch the Fire*-Konferenz, die im Oktober 1996 im Mott-Auditorium stattfand, für H.I.M. zu einem entscheidenden Ereignis wurde.

Wir hatten mehrere unabhängige Gemeinden eingeladen, sich am Tag vor dem offiziellen Konferenzbeginn mit uns zu treffen. Als wir ihnen die Vision von H.I.M. mitteilten und jede interessierte Gemeinde einluden, sich uns anzuschließen, erklärten sich überraschend viele dazu bereit.

Was Gott seither getan hat, ist wirklich erstaunlich. Schon 1998 waren über 140 Gemeinden offizielle Mitglieder von H.I.M. und viele weitere gehören zu den »Freunden« dieser Arbeit. Es ist eines der vielen »apostolischen Netzwerke«, die Gott als neue Weinschläuche für die große Ernte bereitstellt. Aber ich bin fest davon überzeugt, dass es sich hier nur um den Beginn eines weiteren gewaltigen Wirkens Gottes handelt, der durch weltweite Gemeindegründungen sein Königreich erweitern will!

Ein Netzwerk von Aposteln

Damit eine größere Erweckung möglich wird beziehungsweise damit der Leib Christi weltweit die nötige Leiterschaft aufbaut, die nötig ist, um Millionen von Menschen zu begleiten, die für Christus gewonnen werden, müssen diejenigen aktiv werden, die nach Gottes Plan die Grundlage für den Bau seiner Gemeinde sind (vgl. Eph 3,20). In dieser Stunde ist es deshalb ganz entscheidend, dass die Apostel ihren Platz einnehmen.

In seinem Kommentar in David Cannistracis Buch *Apostles and the Emerging Apostolic Movement* erklärt Dr. Wagner:

>*»Wir können uns nur dann der geistlichen Vitalität und Vollmacht der Gemeinde des ersten Jahrhunderts nähern, wenn wir alle geistlichen Gaben anerkennen, akzeptieren, empfangen und einsetzen – einschließlich der Gabe des apostolischen Amtes.«*[2]

Peter Wagner ist der Auffassung, dass ein moderner Apostel unter anderem daran zu erkennen ist, dass mehrere Gemeinden seine Leiterschaft anerkennen und suchen. Gewöhnlich handelt es sich dabei um Gemeinden, an deren Gründung der Betreffende direkt oder indirekt beteiligt war.

Einer der Gründe für das schnelle Wachstum von H.I.M. ist die Tatsache, dass Gott so viele »angehende«

> Einer der Gründe für das schnelle Wachstum von H.I.M. ist deshalb die Tatsache, dass Gott so viele »angehende« Apostel unter ihrem Dach vereint hat.

Apostel unter dem Dach dieser Organisation vereint hat. Von »angehenden« Aposteln spreche ich deshalb, weil diese Leiter sich erst noch entwickeln, bis sie die Fülle ihres Dienstes erreichen werden – gerade so, wie ich es erlebt habe.

Der erste Apostel, der sich uns anschloss, war David Gama aus Malawi. Rick Wright hatte schon vor Jahren einen größeren Dienst in Afrika aufgebaut, und der Mann, zu dem er eine tragende Beziehung in dieser Arbeit hatte, war David Gama. Als unsere Gemeinden sich vereinten, war auch David dabei.

Ich war froh, dass er in unserem Team war. Vor Jahren hatte Gott mir offenbart, dass ich mit Afrika zu tun haben würde; ich wusste nur nicht, wie oder wann. Was ich nicht ahnte, war die Tatsache, dass David Gama viele Gemeinden gegründet hatte – die er alle in H.I.M. einbringen wollte.

Wir stellten ihm zusätzliche Fonds zur Verfügung, um weitere Gemeinden zu gründen. In der kurzen Zeit, seit David sich uns angeschlossen hat, hat er über 20 weitere Gemeinden gepflanzt – und die kleinste darunter zählt 45 Erwachsene! So umfasst H.I.M. inzwischen allein in Afrika fast 80 lebendige Gemeinden.

Der nächste angehende Apostel, der zu uns kam, war Jan Palmer aus Wien in Österreich. Dieser gebürtige Jamaikaner ist ein erstaunlicher junger Mann. Während seines Studiums in Europa gründete er eine Bibelgruppe, aus der schließlich eine Gemeinde wurde. Seither hat er in Europa sieben weitere Gemeinden gegründet. Eine steht unter der Leitung von Eric und Crissy Tamaru, die gute Freunde von mir sind. In der Organisation, der ich früher angehörte, hatten sie im Bereich der Gemeindegründung mitgewirkt und waren mit ihrer Arbeit gestrandet, als unsere missionarische Vision für das Ausland zurückgenommen wurde. Als sie hörten, dass ich an der Gründung einer neuen Missionsbewegung beteiligt war, kam Eric mit Jan zu unserer ersten *Catch the Fire*-Konferenz, und beide schlossen sich mit ihren Gemeinden der Bewegung an.

Vor einiger Zeit kam ein weiterer Apostel namens Terry Edwards hinzu, der leitende Pastor von *Lake Tahoe Christian Fellowship,* der größten charismatischen Gemeinde in South Lake Tahoe, Kalifornien. Darüber hinaus ist er Präsident von *Christian Equippers International* (CEI) und Autor verschiedener Bücher dieser Organisation. CEI hat viele ausgezeichnete Seminare und Schulungsmaterialien zu den Themen »Evangelisation« und »Jüngerschaft« entwickelt.

Auch Terry ist ein bemerkenswerter Gemeindegründer und Vater vieler Gemeinden in den Vereinigten Staaten und auf den Philippinen. Als Terry zu H.I.M. hinzustieß, »gewannen« wir auf einen Schlag 20 philippinische Gemeinden.

Um uns zu helfen, fünf Kontinente zu erreichen, führte der Herr auch Dennis Walker zu uns – einen wunderbaren Mann, der 14 Gemeinden in Peru betreut, die nun ebenfalls zu unserem Netzwerk gehören.

Paul und Catherine Lee, die koreanischen Pastoren der *Harvest Rock Church,* wurden am 23. März 1998 nach Südkorea ausgesandt, um die dortigen fünf H.I.M.-Gemeinden zu betreuen. Darüber hinaus brachten sie Lebensmittel und Medikamente nach Nordkorea, wo sie

Gemeinden gründen wollen, sobald die Türen sich öffnen.

Das bedeutet also, dass wir inzwischen auf den Kontinenten Asien, Afrika, Europa, Südamerika und Nordamerika Gemeinden errichtet haben. Wenn ich sehe, welche hervorragenden Leiter Gott seit der Gründung von H.I.M. zu uns gebracht hat, kann ich nur staunen. Obwohl wir es als Vorrecht betrachten, dass solche wunderbaren Gemeinden uns angehören oder sich uns bald anschließen wollen, reichen unsere Ziele viel weiter. Durch die Kraft des Heiligen Geistes möchten wir noch Scharen von Missionaren und Gemeindegründern schulen und bis an die Enden der Erde aussenden.

Harvest International School

Während ich dieses Buch schreibe, sind Pläne in Vorbereitung, eine einjährige Schule aufzubauen, um Gemeindegründer für ihren Dienst zu schulen. Obwohl ich dankbar bin, dass ich selbst am *Fuller Theological Seminary* studieren und promovieren konnte, glaube ich, dass es einfachere und weniger kostenintensive Alternativen gibt, Christen für den Dienst auszubilden.

Nur zu oft habe ich erlebt, dass junge Männer und Frauen, die zur Mission berufen waren, ihr Ziel schließlich verfehlten. Nach vier Jahren des Studiums fühlten sie sich verpflichtet, zuerst einmal zu arbeiten und ihre Studienkredite abzuzahlen, bevor sie mit der Mission beginnen konnten. In dieser Zeit gründen sie oft Familien und finden es dann zu schwierig, in die Mission zu gehen.

Ich glaube, dass Menschen im Umfeld ihrer Ortsgemeinde für den Dienst zugerüstet werden können und sollten. In dem Maß, in dem Christen charakterlich und geistlich an Reife gewinnen, sollten ihnen verschiedene Ebenen der Leiterschaft und Verantwortung in der Gemeinde anvertraut werden, um sie Schritt für Schritt zu schulen. Allerdings halte ich es auch für notwendig, eine speziellere Ausbildung für jeden bereitzustellen, der im Ausland oder in einem anderen kulturellen Umfeld dienen will. Und genau das ist das Ziel unserer Schule.

Christen, die uns von ihren Pastoren zur Aufnahme empfohlen werden, erhalten in unserer Schule die nötige Ausrüstung, um das Wort Gottes richtig auszulegen, anderen Menschen die biblischen Inhalte zu vermitteln, Dämonen auszutreiben, für körperliche und innere Heilung zu beten und eine kulturübergreifende, wachsende Gemeinde zu pflanzen.

Erneuerung wird Wirklichkeit ... einige praktische Vorschläge

- Machen Sie sich mit allem vertraut, was Gott weltweit im Leib Christi tut, um die verschiedenen Strömungen zusammenzubringen. Lesen Sie Bücher über andere Denominationen und Bewegungen; hören Sie die Kassetten, sehen Sie die Videos oder besuchen Sie die Gottesdienste anderer Gemeinden.
- Lesen Sie Bücher, die Ihnen helfen, Einblick in den apostolischen Dienst zu bekommen, wie zum Beispiel *Apostles and the Emerging Apostolic Movement* von David Cannistraci.
- Stellen Sie fest, welche Beziehungen Gott Ihnen eröffnet und welche Verbindungen der Heilige Geist für Sie herstellt. Forschen Sie nach, welche Pläne Gott in dieser Hinsicht für Sie haben könnte.

- Schließen Sie sich mit anderen apostolischen Netzwerken zusammen, wenn Ihre Gemeinde unabhängig ist bzw. wenn Sie in einer Position sind, diesen Schritt einzuleiten. Und wenn es für Sie in Frage kommt, dann beten Sie darum, Ihr eigenes Netzwerk zu gründen.
- Erwägen Sie, ob Sie als »Freund« mit H.I.M. *(Harvest International Ministries)* verbunden sein möchten.

Kapitel 5

Bemerkenswerte Heilungen

„Pastor, wir glauben, dass unsere Freundin von einem Dämon besessen ist! Würden Sie bitte kommen und ihr helfen?«

Ich schluckte. Es war erst die zweite unserer stadtweiten Erneuerungsversammlungen in Pasadena. Mehr als tausend Menschen waren an diesem Abend gekommen. Überall standen oder lagen Leute auf dem Boden des Auditoriums, an denen der Heilige Geist in wunderbarer Weise wirkte, und was ich am allerwenigsten tun wollte, war, in einen anderen Gang zu schalten und für die Befreiung eines Menschen zu beten. Dennoch folgte ich der kleinen Gruppe koreanischer Studenten, die mich um Hilfe gebeten hatte.

Eine koreanische Studentin erlebt ein Wunder

Sie führten mich zu einer koreanischen Studentin von etwa 20 Jahren, die auf dem Boden lag. Für mich war sofort deutlich, dass sie nicht von einem Dämon besessen, sondern vom Heiligen Geist erfüllt war. Ihr ganzer Körper bebte und sie redete in Sprachen.

Sofort versicherte ich ihren Freunden, dass dies kein Werk des Teufels sei, sondern die souveräne Hand Gottes, und ich ermutigte sie, bei ihr zu bleiben und für sie zu beten, während sie weiter vom Heiligen Geist erfüllt war.

Da dieses Wirken des Geistes für alle neu war, dachten viele Leute zuerst, einige Manifestationen seien dämonischer Natur. Doch bald erkannten wir an den Früchten, dass diese ungewöhnlichen Reaktionen durch die Berührung des Heiligen Geistes hervorgerufen wurden (vgl. Mt 12,33), denn das Leben dieser Menschen wurde verändert, und es vollzogen sich großartige Heilungen. Auch im Fall der koreanischen Studentin bewahrheitete sich dies.

Ich wusste nicht, was mit der jungen Koreanerin geschehen war, bis ihr Pastor, Robert Oh, es mir einige Wochen später mitteilte. Er war mit seiner ganzen Gemeinde ins Mott gekommen und hatte für die junge Frau gebetet und alles hautnah miterlebt.

Er erklärte, dass sie an einer schweren Skoliose (Wirbelsäulenverkrümmung) erkrankt war und sich einer Operation unterziehen sollte. Während sie an jenem Abend im Auditorium auf dem Boden lag, schenkte Gott ihr eine neue Sprache und heilte ihren Rücken! Als die Ärzte in der folgenden Woche Röntgenaufnahmen machten, waren sie fassungslos, als sie sahen, dass ihr Rücken völlig gerade war. Sie bat die Ärzte um die Röntgenaufnahmen, um ihrem Pastor das Ergebnis der Gebete während der Versammlung zeigen zu können. Der Pastor war so beeindruckt, dass er mir nicht nur alles erzählte, sondern sich von Gott geleitet fühlte, uns einen Scheck über 4 000 Dollar zu geben, um die Erneuerungsversammlungen zu unterstützen!

Dies ist jedoch nur eines von vielen unfassbaren Wundern, die sich im Mott-Auditorium ereignet haben.

Heilung von multipler Sklerose

Zu diesen Wundern gehört auch die Geschichte von Brenda Quintero, die in unserem Gemeindebrief *Harvest Times* aus dem September 1995 schrieb:

> *»Vor einigen Jahren hatte ich das Gefühl, ein Todesurteil zu erhalten, als bei mir multiple Sklerose (MS) diagnostiziert wurde. Diese neurologische Erkrankung beeinträchtigt das zentrale Nervensystem. Der Körper beginnt sich selbst zu zerstören, indem ein Nerv oder Muskel nach dem anderen zerfällt.*
> *Die Ärzte konnten nichts tun, um diesen schrecklichen Zerfall aufzuhalten; sie rieten mir nur, jede Stresssituation zu meiden. Das schien zwar in unserer heutigen Zeit fast unmöglich, aber ich bemühte mich, meinen Stress effektiv zu bewältigen. Als Immobilienmaklerin musste ich meinen Kunden Häuser vorführen, aber irgendwann war ich dazu nicht mehr in der Lage, weil ich meinen rechten Fuß nachzog. Kurze Zeit später fiel es mir schwer, die Stufen zu meinem Büro hinauf- oder hinunterzugehen, sodass mein Schreibtisch ins Erdgeschoss verlegt werden musste.*
> *Die ganze Zeit über flüsterte mir der Widersacher Gedanken ein wie: ›Du hast gegen Gott rebelliert. Du hast andere Dinge an die erste Stelle gesetzt. Er ist für dich gestorben, aber du hast seinen Tod gering geachtet. Du kannst nicht geheilt werden. Du verdienst seine Freundlichkeit nicht.‹ Es waren nicht immer dieselben Worte, aber die Botschaft war klar. Als wiedergeborene Christin glaubte ich von ganzem Herzen, dass Gott mich heilen konnte. Aber schließlich gab ich nach und stimmte den Lügen des Anklä-*

gers zu, der mich für unwürdig erklärte, die Barmherzigkeit und die heilende Hand Gottes zu erfahren. Nachdem ich einige Jahre mit diesen Lügen gelebt hatte, erkannte ich, dass ich nicht vollkommen sein musste, um von Gott Heilung zu empfangen. Gott begann, mich zu verändern, indem er mir seine Liebe und seine wunderbare Gegenwart Abend für Abend durch die Erneuerungsversammlungen und durch sein Wort greifbar offenbarte.
Ich bat Gott erneut, die völlige Herrschaft in meinem Leben zu übernehmen, und bekannte, dass ich rebellisch gewesen war. Daraufhin reinigte er mich und erfüllte mich neu mit dem Heiligen Geist. Als ich mich Gott ganz anvertraute und ihm mehr gehorchte, nahm seine Gegenwart in meinem Leben zu und wurde mir im Lauf der Monate immer realer. Es ist, als wäre ich als wiedergeborene Christin noch einmal von neuem geboren worden!
Doch während sich innerlich so vieles änderte, gab es körperlich keine Verbesserung. Meine Erkrankung schien sich sogar zu verschlimmern. Der 9. Mai war ein besonders schlimmer Tag für mich. Ich musste mich auf meinen Mann stützen, um zu den Erneuerungsversammlungen in das Mott-Auditorium gehen zu können.
Während ich die Botschaft hörte, hatte ich plötzlich heftige Krämpfe in meinem rechten Bein. Ich flehte Gott an, mich von dieser schrecklichen Krankheit zu befreien, doch nichts geschah. Später meinte eine Freundin, Gott würde mich zu einem Zeitpunkt heilen, wenn es ihn am meisten verherrlichen würde. Plötzlich hatte ich die verschiedenen Phasen der MS vor Augen: Gehhilfe, Rollstuhl und dann ein ans Bett gefesseltes Dasein. Die dramatischste Heilung konn-

te nur in der letzten Phase liegen, also stellte ich mich innerlich auf diese Möglichkeit ein.
Zwei Tage später wurde im Auditorium eine Frau geheilt, die auf einem Auge teilweise und auf dem anderen völlig erblindet gewesen war. Als ich die Macht Gottes am Werk sah und die unglaubliche Salbung des Heiligen Geistes spürte, bat ich meinen Mann, augenblicklich für mich zu beten. Unter der Kraft des Heiligen Geistes fiel ich zu Boden und blieb noch ein paar Minuten liegen, wie andere Menschen in meiner Nähe auch.
Dann stand ich auf und ging hinüber zum Gebetsteam, um für andere zu beten, die hierher gekommen waren, um etwas von Gott zu empfangen. Ich konnte keinen Unterschied zu anderen Zeiten des Gebets feststellen.
Als ich gegen 23 Uhr aufhörte, hatte ich den Eindruck, Gottes Stimme ganz deutlich zu hören: ›Zieh deine Schuhe aus und laufe.‹ Ich wandte ein, dass ich der Länge nach hinfallen würde, wenn er mich nicht geheilt hatte. Doch dann hörte ich die Stimme erneut: ›Zieh deine Schuhe aus und laufe.‹
Ich beschloss, es zu versuchen! Ich zog mir die Schuhe aus und rannte los, so schnell ich konnte. Es war absolut unglaublich! Ich stürzte nicht. Ganz im Gegenteil: Ich rannte zweimal um das Auditorium, bevor ich zu meinem Mann zurückkehrte und atemlos hervorstieß: ›Schatz, ich glaube, ich bin geheilt!‹
Mein Mann forderte mich auf, noch einmal zu laufen – also tat ich es. Dann fingen wir an, allen Leuten zu erzählen, was gerade geschehen war. Es war ein Wunder – Gott hatte mich geheilt!
Ich kann die Veränderung kaum beschreiben. Noch zwei Tage zuvor war ich schlimm gestürzt, als ich

versucht hatte, nur einige Schritte in meiner Wohnung zu gehen. Nun konnte ich sogar laufen! Ich tat Dinge, die ich seit Jahren nicht mehr hatte tun können – ich hüpfte, sprang, lief, tanzte und lachte die ganze Zeit vor Freude, weil der Feind besiegt worden war!

Auch andere Menschen mussten im Glauben ausharren, bis sie irgendwann im Mott-Auditorium schließlich ein Wunder erlebten.

Eine bemerkenswerte Heilung »zur rechten Zeit«

Eine Frau aus unserer Gemeinde berichtete ihre Geschichte ebenfalls in der *Harvest Times* in der Ausgabe vom Februar 1996:

Angeles Peart hatte schon seit Jahren an Rückenproblemen gelitten. Zwei verschlissene Bandscheiben machten sie immer wieder arbeitsunfähig und verursachten so starke Schmerzen, dass sie sich oft nicht bewegen konnte. Tabletten, die der Arzt ihr verschrieben hatte, linderten zwar vorübergehend den Schmerz, der sie wie Messerstiche plagte, aber bald begann der verheerende Kreislauf von neuem und entmutigte sie noch mehr.
Immer wieder bat Angeles Gott um Heilung; es war ein ständiges Ringen und immer wieder fragte sie sich, was sie vielleicht falsch gemacht hatte. Zum Zeitpunkt unserer Heilungskonferenz im Oktober 1995 hatte Angeles jede Hoffnung aufgegeben. Zwei Jahre unerträglicher Schmerzen waren eine lange Zeit.

Sie hatte auch einen Chiropraktiker aufgesucht und mehrere Behandlungen erhalten – ohne Erfolg. Dann versuchte sie es mit orthopädischer Chirurgie – ohne Erfolg. Dann mit Neurochirurgie, MRI-Tests und weiteren Behandlungen. Immer noch kein Erfolg. Hinzu kam, dass der Arzt nicht bereit war, die nötige Operation durchzuführen, um wenigstens die Schmerzen zu lindern. Angeles musste zusehen, wie sich eine hoffnungsvolle Tür nach der anderen schloss.

Verzweifelt unternahm sie einen letzten Versuch mit einem Chiropraktiker, den eine Freundin ihr empfohlen hatte. Schon nach der Erstuntersuchung erklärte der Arzt, dass Angeles laut Befund eigentlich gar nicht gehen konnte. Die Bandscheiben am vierten und fünften Glied waren so verschlissen, dass die Wirbel fast aufeinander lagen.

Angeles kam mit dem festen Glauben zur Heilungskonferenz, dass Gott dennoch etwas Wunderbares tun würde. Am ersten Abend leitete Tim Storey die Veranstaltung, ein bekannter Evangelist, der die Gabe der Heilung hat. In seiner ungewöhnlichen Art forderte er die Menschen auf, zum Altar zu laufen, um vom Herrn Heilung zu empfangen. Später hörte Angeles, wie verschiedene Personen das Wirken Gottes bezeugten und dass viele geheilt worden waren.

Sie hoffte, dass der Freitag ihr großer Tag sein würde. Wieder forderte Storey die Menschen auf, nach vorn zu laufen, um geheilt zu werden. Diesmal rief er besonders diejenigen auf, die an starken Schmerzen litten. Erwartungsvoll eilte Angeles nach vorn, doch als Tim Storey sie sah, erklärte er: ›Deine Zeit ist noch nicht gekommen.‹

Angeles versuchte verzweifelt, die Fassung zu wahren. Sie dachte: Jeden Augenblick kann es soweit sein ... *Selbst als sie an ihren Platz zurückkehrte, glaubte sie noch, dass sie vielleicht der ›Abschluss‹ sein würde.*
Doch am Ende der Veranstaltung wartete sie noch immer. Tränenüberströmt ging sie zu ihrem Wagen; sie fühlte sich abgelehnt. Ihr Mann lief zurück, um nach Tim Storey zu suchen, als Gott Tim plötzlich einen Eindruck schenkte; auf direktem Weg lief er zum Auto der Frau, die er während der Veranstaltung vergessen hatte. Er ergriff Angeles' Hand und sagte: ›Sehen Sie mich an!‹ Sie konnte kaum den Kopf heben. ›Sehen Sie mich an!‹
Sie strengte sich an und Tim begann zu beten. Ihr Glaube war auf dem Tiefpunkt angelangt. Ihr Mann Ray meinte, man hätte ›ihr eine Million Dollar anbieten können und es hätte nichts genützt‹.
So schnell das Gebet begonnen hatte, so schnell war es auch vorüber, und Tim verließ die beiden. Angeles versuchte, ihre traurigen Gedanken zu vertreiben und die Situation nüchtern zu erfassen. Nichts war geschehen ... noch nicht.
Im weiteren Verlauf der Konferenz sollte Randy Clark – ein Pastor, den Gott in der Erneuerung in Toronto besonders gebraucht hatte – die Sonntagsveranstaltung leiten. Er lud alle Personen mit Rückenproblemen und verschiedenen anderen Krankheiten ein, nach vorn zu kommen. Als die Menschen in Scharen zur Bühne drängten, forderte er sie einfach auf, ihre Hand auf die schmerzende Stelle zu legen.
Angeles legte ihre Hände auf das, was von ihren verschlissenen Bandscheiben noch übrig war. Zu ihrem

*Erstaunen ›kam Hitze aus meinen Händen und meine
Beine vibrierten‹, erinnert sie sich. ›Ich schloss die
Augen und da zeigte mir der Herr ein Bild meines
Rückens: Er war vollkommen!‹
Dann legte sie ihre Hände auf andere schmerzende
Stellen in der Magengegend und die Hitze verstärkte
sich. Unter der Kraft des Heiligen Geistes fiel sie zu
Boden, und als sie einige Augenblicke später aufstand, erkannte sie, dass Jesus sie geheilt hatte.
Um Gewissheit zu bekommen, nahm sie in der folgenden Woche einen Termin bei dem neuen Chiropraktiker wahr. Er merkte sofort, dass etwas geschehen war. Und als er sie untersuchte, bestätigte sich
die Heilung. In seinem Bericht schrieb er: ›Ich kann
mir nicht erklären, warum diese Patientin ... völlig
wiederhergestellt wurde. Sie ist überzeugt, dass ihr
Rücken durch Jesu Willen völlig geheilt wurde, und
ich habe bei meinen Untersuchungen nichts gefun-
den, was ihrer Aussage widersprechen würde.‹*«

Für Cindy Loong, die ebenfalls im Mott-Auditorium geheilt wurde, wäre ein solches Wunder keine Überraschung. In folgenden Auszügen aus einem Artikel der
Harvest Times vom November 1995 erinnert sie sich:

»*Ich litt seit zehn Jahren an einer komplexen TMJ
(Temporomandibular Joint Disorder, eine Erkrankung im Bereich des Unterkiefergelenks). Viele Mitglieder unserer Gemeinde und Denomination hatten
zwei Jahre lang für mich gebetet, und ich hatte mehr
als zehn Zahnärzte aufgesucht, um geheilt zu werden.
Unsere Familie, die aus China stammt, gehörte seit
drei Generationen einer konservativen baptistischen*

Gemeinde an. Meine Eltern arbeiteten seit vielen Jahren als Missionare. Im Allgemeinen hatten wir uns nicht mit dem Thema ›göttliche Heilungen‹ oder anderen Gaben des Geistes beschäftigt. Aber ich beschloss, dass es an der Zeit war, diesen Dingen nachzugehen.
Ich kam viermal zu den Erneuerungsversammlungen. An jedem dieser Abende bat ich um Gebet für meinen Kiefer, aber offenbar geschah überhaupt nichts. Am 17. August sollte meine Mutter Helen zu Besuch kommen, und sie beschloss, noch am selben Tag mit mir in das Mott-Auditorium zu gehen.
Und dann geschah es.
An diesem Abend hörten wir eine dynamische Predigt vom Gastprediger Sean Smith. Am Ende sagte er: ›Ich habe den Eindruck, dass Gott heute große Dinge tun möchte.‹ Dann ging er dazu über, mehrere medizinische Fälle zu nennen, in denen Hilfe nötig war.
Als ersten Fall beschrieb er folgende Situation: ›Hier ist eine Frau, die auf der linken Seite im Mund, im Kiefer, Schmerzen hat, und sie hat deshalb schon seit längerer Zeit Probleme beim Essen …‹
Er beschrieb noch weitere Einzelheiten meiner Situation, obwohl er unmöglich etwas über mich wissen konnte!
Gespannt ging ich mit anderen Menschen nach vorn, die ebenfalls Gebet für Heilung empfangen wollten. Während des Gebets konnte ich mehrmals spüren, wie mein Unterkiefer sich bewegte. Am Ende des Gebets bewegte ich meinen Kiefer so, wie ich es normalerweise bei der Behandlung durch den Zahnarzt in der Klinik tat. Das Knirschen, eines der Symptome von TMJ, war verschwunden.

In seinem vollkommenen Timing hatte Gott das Wunder gerade an dem Abend getan, als meine Mutter anwesend war, damit sie es aus erster Hand miterleben konnte.
Gleich in der nächsten Woche suchte ich meinen Zahnarzt auf. Nachdem Dr. Ott meinen Kiefer den üblichen Tests unterzogen hatte, gelangte er zu dem Schluss, dass ›die Membran tatsächlich über das Kondylus zwischen den Knochen zurückgeglitten war‹, etwas, wofür ich immer gebetet hatte. Mein Unterkiefer hatte sich sogar so weit verschoben, dass meine unteren Vorderzähne nicht mehr oben an die Gebissschiene stießen. Dr. Ott war wirklich erstaunt und gestand, dass dieser Fall das erste Wunder war, das er in seiner Klinik je erlebt hatte.
Ich preise Gott für das, was er in meinem Leben getan hat und immer noch tut. Und ich danke ihm dafür, dass er mich durch die Kraft seines Geistes so gesegnet und überrascht hat.

Bis heute hört Gott nicht auf, Menschen im Mott-Auditorium auf übernatürliche und souveräne Weise zu heilen. Und zwar wirklich souverän – ohne dass jemand aus unserem Gebetsteam überhaupt für sie betet!

Eine wirklich explosive Heilung!

Jenni ist nur ein Beispiel unter vielen aus diesem Bereich. Sie war teilweise taub und hatte schon in ihrer Kindheit schwere Hörstörungen gehabt. Selbst ein Hörgerät konnte ihr mangelndes Hörvermögen nicht ausgleichen.

Während sie Gott anbetete, »explodierte« ihr Hörgerät im Ohr. Zuerst dachte sie, ihre Hörhilfe funktioniere nicht richtig, doch kurz darauf stellte sie fest, dass ihr Gehör vollkommen wiederhergestellt war. Sie ließ sich beim Ohrenarzt testen und gab mir eine Kopie der Untersuchungsergebnisse für meine Unterlagen. Sie kann jetzt völlig normal hören. In seiner souveränen Liebe hat Gott sie berührt und geheilt.

Glauben, dass Gott Wunder tun wird

Ich kann ehrlich sagen, dass ich in den ersten dreieinhalb Jahren dieser Welle des Heiligen Geistes mehr Heilungen miterlebt habe als in den 21 Jahren meines Lebens mit Gott davor. Aber ich glaube, dies ist nur der Anfang.

Cindy Jakobs gab im Oktober 1996 im Rundbrief ihrer Fürbitte-Organisation *Generals of Intercession* folgende Prophetie weiter:

»Dies ist eine entscheidende Stunde für meine Gemeinde, in der ich meine Herrlichkeit in größerem Maße ausgießen möchte als je zuvor. Satan zittert und versucht beharrlich, euch dazu zu bringen, an mir zu zweifeln, denn er fürchtet die Welle der Herrlichkeit und Wunder, die ich über die Erde ausgießen werde. Zeichen und Wunder werden in der Gemeinde nicht tröpfeln, sondern strömen: Es wird eine Flut von Wundern sein. Ihr werdet erleben, wie die Toten auferstehen, die Tauben hören und die Blinden sehen. Die Krankenwagen werden die Menschen wieder zur Gemeinde bringen, weil ich der Gott bin, der das Unmögliche möglich macht. Glaubt an mich. Erklärt dem Unglauben den Krieg und haltet euch be-

reit, eine Flut von Wundern zu empfangen, die Tausende von Seelen in mein Königreich bringen wird.

Ich kann dieser Prophetie nur von ganzem Herzen zustimmen. Es ist an der Zeit, dass die christliche Gemeinschaft dem Unglauben den Krieg erklärt und glaubt, dass Gott Wunder tun wird. Es ist an der Zeit zu glauben – nicht nur um der Leidenden willen, sondern noch mehr um der Verlorenen willen. Zeichen und Wunder gehören zu den wirksamsten Werkzeugen Gottes, um die Verlorenen zu erreichen. Doch das größte Wunder besteht immer noch darin, dass ein Mensch zum Glauben kommt.

Erneuerung wird Wirklichkeit ... einige praktische Vorschläge

- Bitten Sie ernsthaft um geistliche Gaben, zum Beispiel um die Gabe der Heilung und damit verbundenen Gaben wie Glaube, Wunderkräfte und Worte der Erkenntnis.
- Bereiten Sie sich auf den Heilungsdienst vor, indem Sie an Konferenzen und Seminaren teilnehmen.
- Nutzen Sie jede Gelegenheit, Gebet und Zuteilungen des Geistes durch Menschen zu empfangen, die die Gabe der Heilung haben.
- Lesen Sie Bücher wie *How to Have a Healing Ministry in Any Church* von C. Peter Wagner oder »Vollmächtige Evangelisation« von John Wimber, um Ihren Glauben zu stärken und die Gabe verstehen zu lernen.
- Wagen Sie etwas, und fangen Sie an, für Menschen zu beten!

Kapitel 6

Vollmächtige Evangelisation

Die Erneuerungsversammlungen haben mir eine ganz neue Sicht von der Kraft Gottes zur Errettung von Seelen vermittelt. Die Geschichte von Akiko ist nur einer der Gründe, warum ich nie wieder so evangelisieren werde wie zuvor.

Eine Ungläubige begegnet Jesus

Widerstrebend kam Akiko in einen unserer Gottesdienste. Die junge Japanerin war von einem anderen japanischen Studenten eingeladen worden, der am nahe gelegenen *Fuller Theological Seminary* studierte und selbst erst wenige Tage zuvor eine beeindruckende Begegnung mit Gott erlebt hatte. Während der Veranstaltung im Mott-Auditorium wurde er mit dem Heiligen Geist erfüllt und redete – zu seiner eigenen Überraschung – in Sprachen (vgl. Apg 2,4). Dabei hatte er sich immer über die Charismatiker lustig gemacht und niemals damit gerechnet, selbst einer zu werden!

Ich erinnere mich noch, wie ich Akiko nach dem Gottesdienst zum ersten Mal begegnete und mich erkundigte, ob sie Englisch sprechen könne.

»Ein wenig«, hatte sie geantwortet. Als ich sie dann fragte, ob sie Jesus in ihr Herz einladen wolle, erwiderte sie nach kurzem Zögern: »Nein, das kann ich nicht. Mein Vater ist nämlich Schintoist und meine Mutter Buddhistin.«

Ich nickte verständnisvoll. Da ich in Japan gewesen war und viele internationale Freunde hatte, wusste ich, dass weniger als 1 % der Japaner Christen sind. Einer der Gründe ist die Tatsache, dass von einem Japaner Anpassung an die Normen seiner Gesellschaft erwartet wird. Und Christ zu werden entspricht nicht der Norm.

Im Grunde genommen bedeutete eine Umkehr zum Christentum für einen Japaner, dass er seine Familie und sein kulturelles Erbe verleugnete. In Japan gibt es das Sprichwort: »Wenn ein Nagel herausragt, muss er eingeschlagen werden.« Das heißt, der Einzelne darf sich nicht von den anderen abheben. Deshalb verstand ich Akiko, als sie erklärte, dass sie keine Christin werden könne, weil ihre Eltern keine Christen waren.

Ich fragte aber, ob ich sie im Gebet segnen dürfe, und damit war sie einverstanden. Viele Japaner werden zwar nicht zum Glauben an Christus kommen, aber sie gehören zu den höflichsten Menschen, die ich kenne, und werden unsere Gebete normalerweise begrüßen.

Im Gebet bat ich den Heiligen Geist einfach, Akiko zu erfüllen (vgl. Eph 1,17). Kaum hatte ich diese Worte ausgesprochen, geschah es: Sie plumpste auf den Boden, wo sie 20 Minuten liegen blieb.

Zwar hatte ich schon viele Menschen unter der Kraft des Heiligen Geistes niederfallen sehen, aber soweit mir bekannt war, hatte es sich immer um Christen gehandelt. Ich erinnere mich noch, wie ich dachte: *Das ist ja interessant: eine ungläubige Japanerin, die im Geist ruht.*

Akiko ruhte eine ganze Weile, aber nach einiger Zeit war ich besorgt, weil sie immer noch auf dem Boden lag und sich keinen Zentimeter gerührt hatte. Ich kam zu ihr zurück, kniete mich hin und fragte, ob alles in Ordnung sei. Sie bestätigte es nickend.

»Akiko, hat Jesus sich dir offenbart?«, fragte ich.

Wieder nickte sie.

»Möchtest du Jesus in dein Leben einladen und ihm nachfolgen?«, fuhr ich fort. Sie nickte zustimmend.

Ich half ihr, sich aufzusetzen. Wir beteten zusammen und Akiko nahm Jesus Christus als ihren Herrn und Erlöser in ihr Leben auf. Seit dieser Zeit ist sie trotz des Widerstands ihrer Familie in der Nachfolge des Herrn gewachsen.

Diese Lektion machte mir bewusst, dass ich mit Akiko hätte reden können, bis ich schwarz wurde. Ich hätte meine gesamten apologetischen Kenntnisse aufbieten können, um ihr zu zeigen, wie überlegen Jesus Buddha war. Auch mein größter Eifer und meine tiefste Erkenntnis hätten sie wohl kaum veranlasst, ihre Meinung über Jesus zu ändern.

Ja, vielleicht hätte sie mir ein Gebet nachgesprochen, weil sie sich unter Druck gefühlt hätte oder einfach nur höflich sein wollte, aber ich bezweifle, dass sie ihr Herz wirklich Gott geöffnet hätte. Doch als sie die Liebe, die Gegenwart und die Kraft des Heiligen Geistes erfuhr, öffnete sie Gott ihr Herz und nahm den Herrn in aufrichtigem Glauben an.

Eine neue evangelistische Philosophie

Diese Erfahrung hat meine Einstellung zu Evangelisation grundlegend verändert. Früher vermittelte ich einfach das Evangelium und gab den Menschen dann die Gelegenheit, Christus anzunehmen oder abzulehnen. Inzwischen weiß ich, dass nichts effektiver ist, als einem

Ungläubigen zuerst die Gelegenheit zu geben, der unvergleichlichen Realität des Heiligen Geistes zu begegnen, bevor ich versuche, ihn zum Herrn zu führen.

Außerdem gewann ich dadurch eine ganze neue Sicht für »vollmächtige Evangelisation«, ein Begriff, der von John Wimber, dem inzwischen verstorbenen Leiter der *Vineyard*-Bewegung, geprägt wurde. John trug wesentlich dazu bei, dass Christen lernten, nicht nur die »Tatsachen« der Erlösung, sondern auch die Realität des Evangeliums zu vermitteln, die von Zeichen und Wundern begleitet ist.

Vollmächtige Evangelisation geschieht dann, wenn ein Nichtchrist in Verbindung mit einer rationalen Darlegung des Evangeliums zugleich die Kraft Gottes in mächtiger Weise erlebt – etwa durch Wunder oder Heilungen.[1] Peter Wagner stellt nüchtern fest: »Wohin man auch kommt: In der heutigen Welt ist Evangelisation dann am effektivsten, wenn sie von Manifestationen übernatürlicher Kraft begleitet wird.«[2]

Ich persönlich glaube, dass die erste Ausbreitung des Christentums in der Zeit der Urgemeinde das Ergebnis vollmächtiger Evangelisation war. Dieses Prinzip ist also nicht neu – sie ist nur viel seltener, als sie es sein sollte.

Obwohl ich jede Form von Evangelisation schätze und jeden bewundere, der sich dieser großen Aufgabe verpflichtet, glaube ich, dass die Erlösung nirgendwo auf diesem Planeten effektiver beispielhaft gezeigt werden kann als durch eine solche Begegnung mit der Kraft Gottes. Ich bezweifle nicht, dass solche Demonstrationen die Speerspitze dessen sind, was der Heilige Geist über Evangelisation sagt. Offenbarungen der Kraft Gottes sind so alt wie die Bibel selbst. Immer wieder beobachten wir, dass Menschen an das Evangelium glauben, nachdem sie Zeichen und Wunder erlebt haben. Werfen Sie nur einen Blick in die Apostelgeschichte!

Nichtchristen fällt es geistlich gesehen wie Schuppen von den Augen, wenn sie die Kraft Gottes selbst erfahren oder bei anderen miterleben. Im 2. Korinther-Brief, Kapitel 4, Vers 4 heißt es: »Der Gott dieser Weltzeit hat das Denken der Ungläubigen verblendet. So strahlt ihnen der Glanz der Heilsbotschaft nicht auf.« Wenn sie aber geheilt werden oder ein Wunder erleben, wie es sich in der Stadt Samaria ereignete (vgl. Apg 8), werden ihnen geistlich die Augen geöffnet.

Mein Problem war, dass mein Verständnis von vollmächtiger Evangelisation sich nur auf die begrenzte Zahl von Personen beschränkt hatte, die ein solches Wunder oder eine solche Heilung direkt sehen oder erfahren. Nun aber entdeckte ich, dass Nichtchristen die Gegenwart und Kraft des Heiligen Geistes auf eine andere Art und Weise erfahren konnten, die ihre Herzen genauso weit für das Evangelium öffnete.

Die Macht der Finsternis binden

An diesem besonderen Tag geschah aber noch eine weitere herrliche Illustration dieser Tatsache.

Zwei Austauschschülerinnen – ebenfalls aus Japan – kamen zu unserem Sonntagsgottesdienst. Für diese beiden praktizierenden Buddhisten war es der erste Besuch einer christlichen Kirche. Ihre amerikanische Gastgeberin, die Mitglied der *Harvest Rock Church* war, beschloss, sie in die Gemeinde mitzunehmen.

Ich hatte die Gelegenheit, vor dem Gottesdienst kurz mit den beiden Mädchen und ihrer Gastgeberin zu sprechen. Ich ermutigte die Frau, die beiden Schülerinnen am Ende des Gottesdienstes nach vorn zu bringen, wenn Gelegenheit für persönliches Gebet gegeben wurde. Ich wusste, dass jede Begegnung mit dem Heiligen Geist sie weiter für das Evangelium öffnen würde, und diese Gelegenheit wollte ich nicht ungenutzt lassen.

Am Ende des Gottesdienstes sah ich die Gastgeberin und die beiden Mädchen auf mich zukommen. Durch Yoshi, ein japanisches Mitglied unserer Gemeinde, die für mich dolmetschte, fragte ich die Schülerinnen, ob

> Die Freundlichkeit Gottes führt uns zur Umkehr. Welchen besseren Weg gibt es, um Gottes Freundlichkeit zu erleben, als sie hautnah zu spüren?

ich für sie beten könne. Beide nickten zustimmend. Ich machte mir keine Gedanken darüber, ob sie vielleicht nur aus Höflichkeit zugestimmt hatten.

Während ich betete, wurden die Mädchen vom Heiligen Geist erfüllt und begannen zu schwanken. Allmählich konnte ich einige dämonische Hindernisse unterscheiden und erkundigte mich deshalb durch Yoshi nach ihrem religiösen Hintergrund. In diesem Fall erfuhr ich, dass die beiden Mädchen Buddhisten waren.

Ich spürte, dass mich der Heilige Geist in dieser Situation dahingehend führte, zuerst die Mächte der Finsternis zu binden, die die beiden Mädchen davon abhielten, zum Glauben zu kommen (vgl. Mt 16,19; 18,18). Dann begann ich, dafür zu beten, dass Gott jeder von ihnen seine Liebe offenbaren würde.

Ich konnte deutlich erkennen, wie sie nun von der Gegenwart des Heiligen Geistes überwältigt wurden (vgl. Lk 1,35; 9,34). Daraufhin erklärte ich ihnen kurz die Botschaft von der Erlösung und fragte sie, ob sie ihn in ihr Leben aufnehmen wollten. Beide sagten ja und wurden Christinnen!

Zwar fielen die zwei Schülerinnen nicht schon vor dem Gebet unter der Kraft des Heiligen Geistes zu Boden, wie ich es bei Akiko erlebt hatte, aber eine der beiden ruhte im Geist, nachdem sie Christus in ihr Leben aufgenommen hatte.

Die Wahrheit des Evangeliums weitersagen

Mit allem Nachdruck möchte ich unterstreichen, dass die Gute Nachricht auch klar mit Worten vermittelt werden muss, aber ich glaube, dass dies besser möglich ist, *nachdem* ein Mensch die Kraft des Heiligen Geistes selbst erfahren hat.

Meine Theorie ist, dass eine solche Begegnung mit der Macht des Herrn die Liebe Gottes offenbart und die geistlichen Mächte außer Kraft setzt, die den Betreffenden davon abhalten, zu Christus zu kommen. Paulus erklärt, dass »Gottes Güte [uns] zur Umkehr treibt« (Röm 2,4). Wie könnte man die Güte Gottes besser erfahren, als ihr persönlich zu begegnen? Es ist sicher besser, sie selbst zu erleben, als nur darüber belehrt zu werden!

Seit Beginn der Erneuerung sind allein in unserer Gemeinde mehr als 50 Personen zum Glauben gekommen, die traditionell als schwer erreichbar gelten – wie zum Beispiel die Japaner. Doch die Situation änderte sich, als ich ihnen einfach die Hände auf den Kopf legte und den Heiligen Geist bat, zu kommen und ihnen Jesus zu offenbaren.

Vollmächtige Evangelisation erfüllt den Auftrag Christi

Ohne die Kraft des Heiligen Geistes werden wir die drei Milliarden Menschen, die noch nie etwas von Jesus oder dem, was er für sie getan hat, gehört haben, niemals erreichen können. Überall in der Welt ist es die vollmächtige Evangelisation, die diesen Auftrag erfüllt.

Eine der inspirierendsten Geschichten, die ich je über Lebenswechsel durch vollmächtige Evangelisation gelesen habe, ist die Geschichte von Robert Kanyanja, die George Otis Jr. in seinem herausragenden Buch *The Twilight Labyrinth* schildert.

Der ugandische Evangelist war eingeladen worden, im Dezember 1983 in der Stadt Soroti eine Evangelisation durchzuführen. Nach viel Gebet, Fasten und geistlicher Kampfführung waren die Ergebnisse erstaunlich.

»Die Macht Gottes strömte durch die Menge, löste Tumore auf, öffnete blinde Augen und stellte verkrüppelte Gliedmaßen wieder her. Mindestens sechs Gelähmte konnten die Versammlung auf eigenen Füßen wieder verlassen.«[3]

Eine Folge war die Gründung einer großen Gemeinde unter dem Namen *Miracle Center* (Wunderzentrum). Aber Robert berichtet noch über die weitere Entwicklung:

»Mitte der 90er Jahre kamen sonntagmorgens rund 7 000 Menschen in den Gottesdienst unserer Hauptgemeinde ›Miracle Center‹. Und die Zahl steigt weiter. In demselben Zeitraum wurden 236 Gemeinschaften gegründet und mindestes sechs Tote wurden auferweckt.«[4]

Eine lachende Erweckung

Auch die schlimmsten Umstände können verändert werden, wenn man um eine Berührung durch den Heiligen Geist betet – so wie bei Lisa, die dem Evangelium besonders fern stand. Dieser 15-jährige koreanisch-amerikanische Teeny war mit anderen Mitgliedern ihrer Gang im Gebiet von Las Vegas aufgewachsen.

Zweimal war auf sie geschossen worden. Einmal konnte sie sich gerade noch in letzter Sekunde ducken – die Kugel flog dicht über ihren Kopf hinweg. Ihre Mutter wusste nicht, was sie mit ihr anfangen sollte, also schickte sie sie zu ihrer Tante nach Seattle im amerikanischen Bundesstaat Washington.

Ich erinnere mich noch, dass mir ihre Tante erschöpft und verzweifelt berichtete, wie sehr Lisas Leben außer Kontrolle geraten war. Sie war rebellisch, drogenabhängig und vergeudete ihr Leben mit falschen Freunden. Ich schlug ihrer Tante vor, sie nach der Abendveranstaltung während der Gebetszeit zu mir zu bringen. An diesem Abend sollte ich zu einer kleinen Gruppe koreanischer Christen sprechen.

Als Lisa hereinkam, war sie nicht zu übersehen. Wie ein Häuflein Elend stand sie in ihren schlabbernden Jeans da und ein düsterer Schatten schien auf ihrem verhärteten Gesicht zu liegen. Sie sah gar nicht aus wie eine lebendige 15-Jährige, sondern wie eine verbrauchte Erwachsene.

Während der ganzen Predigt war ich mir ständig ihrer Anwesenheit bewusst. Ich predigte in der aufrichtigen Hoffnung, dass sie am Ende des Gottesdienstes auf den Altarruf eingehen würde.

Doch als ich den Altarruf machte, reagierte Lisa nicht. Anschließend beteten wir für die Menschen, die mit dem Heiligen Geist erfüllt werden wollten. Überall fielen Menschen auf den Boden oder ließen Gottes Gegenwart durch ein körperliches Schütteln oder Beben erkennen. Ich fragte mich, was Lisa wohl denken mochte, und beschloss, zu ihr zu gehen.

Nachdem ich mich vorgestellt und kurz mit ihr geplaudert hatte, fragte ich Lisa einfach, ob sie nach dem,

> Diese Erneuerung wurde oft als »lachende Erweckung« bezeichnet, weil Menschen immer wieder unkontrollierbar lachen, wenn der Heilige Geist sie mit so unaussprechlicher Freude erfüllt.

was sie im Gottesdienst gehört hatte, ihr Leben Christus anvertrauen wolle. Sie erwiderte, sie sei noch nicht so weit. Ich sagte ihr, dass ich ihre ehrliche Antwort schätzte, fragte aber, ob ich dennoch für sie beten dürfe.

»Wie Sie wollen«, meinte sie gleichgültig. Sie schien gelangweilt und war offenbar auf dem Sprung, sich bei der nächsten Gelegenheit zu verdrücken. Da ich sie nicht einengen wollte, hielt ich ein oder zwei Meter Abstand, während ich für sie betete.

»Jesus, bitte zeige Lisa, wie sehr du sie liebst«, bat ich leise.

Kaum hatte ich diese Worte ausgesprochen, begann Lisa zu lachen. Zuerst dachte ich, sie würde über mich oder meine Worte lachen. Doch dann sah ich, wie sie ihr Lachen zu unterdrücken versuchte und ihren Mund hinter ihren Händen verbergen wollte. Da wusste ich, dass dieses Lachen durch den Heiligen Geist ausgelöst wurde, der sie durchströmte!

Die Erneuerung in unserer Gemeinde wurde oft als »lachende Erweckung« bezeichnet, weil Menschen immer wieder unkontrollierbar lachen, wenn der Heilige Geist sie mit so unaussprechlicher Freude erfüllt. Als ich erkannte, dass dies gerade bei Lisa geschah, sagte ich zu ihr: »Unterdrücke das Lachen nicht. Der Heilige Geist zeigt sich dir!«

Während ich dies sagte, trat ich näher, um zu segnen, was Gott gerade an ihr tat, und um weiteren Segen zu erbitten. Kaum hatte ich die Hände gehoben, fiel sie zu Boden und redete in Sprachen. Das erstaunte mich. Ich hatte sie nicht zum Herrn geführt und kein Gebet mit ihr gesprochen. Ganz im Gegenteil: Sie hatte mir gerade erst gesagt, dass sie noch nicht bereit war, zu Christus zu kommen!

Ich bat Gott, mir durch die Bibel zu bestätigen, was ich gerade miterlebte. Sofort kam mir eine Stelle aus dem 10. Kapitel der Apostelgeschichte in den Sinn. Als Petrus zu Kornelius und seinem ganzen Haus predigte, fiel der Heilige Geist, und alle begannen, in Sprachen zu reden.

Offenbar wusste Gott, der die Herzen der Menschen kennt, dass Lisa ihre Meinung geändert hatte, als sie die erste Berührung des Heiligen Geistes im Lachen erlebte. Sie kehrte um und wurde augenblicklich mit dem Heiligen Geist erfüllt!

Lisa blieb fast zwei Stunden auf dem Boden liegen. Sie redete noch immer in Sprachen und bebte unter der Kraft des Heiligen Geistes. Mit Ausnahme von einer Hand voll Leute, darunter Lisa und ihre Tante, hatten alle das Gebäude verlassen. Auch ich musste schließlich weg; deshalb beugte ich mich zu Lisa herunter und sagte ihr, es sei Zeit, nach Hause zu gehen.

»Ich kann mich nicht bewegen. Ich kann nicht aufstehen«, entgegnete sie. »Da sind einfach zu viele ... zu viele!«

Ich dachte, sie spräche davon, dass sie zu viele Dämonen sah, und stellte mich schon auf eine lange Nacht ein, um für Befreiung zu beten.

»Da sind zu viele ... was?«, hakte ich nach.

»Zu viele Gesichter!«, antwortete sie.

»Wessen Gesichter?«, wollte ich wissen.

»Die Gesichter meiner Freunde. Schon die ganze Zeit tauchen ihre Gesichter vor meinen Augen auf«, entgegnete sie.

Diese Antwort überwältigte mich. Gott hatte sie nicht nur errettet, mit seinem Heiligen Geist erfüllt und ihr eine Gebetssprache geschenkt, sondern er hatte ihr auch die Gabe der Fürbitte gegeben! Das war es, was Lisa schon seit zwei Stunden getan hatte. Sie betete für ihre Freunde aus der Gang!

An diesem Abend schenkte Gott mir eine wichtige Einsicht: Diese kommende Generation ist für ihn so entscheidend und Fürbitte ist ein so wichtiger Schlüssel für ihre Erweckung, dass Gott junge Menschen auf der Stelle erretten und zum Dienst berufen möchte, wie er es bei Lisa tat. Es gibt keine Zeit zu verlieren, wenn sie für ihre Freunde zu Gott schreien, die sonst dem Verderben geweiht sind!

Acht Stunden lang blieb Lisa auf dem Boden liegen, ohne sich regen zu können. Als ich sie am nächsten Tag sah, erkannte ich sie kaum wieder, so strahlte sie. Lisa sah sanft aus; sie wirkte wieder wie eine 15-Jährige.

Wir tauften sie und sie ist bis heute eine verwandelte junge Frau geblieben.

Vollmächtige Evangelisation funktioniert wirklich. Der Schlüssel zu dieser Kraft liegt im Gebet, in außergewöhnlichem Gebet. Auch das ist eine Wahrheit der Erneuerung, in der ich – wie ich feststellte – mehr wuchs als zu jeder anderen Zeit meines Lebens.

Erneuerung wird Wirklichkeit ... einige praktische Vorschläge

- Ergreifen Sie die Initiative, um Ihre gewohnte Art der Evangelisation durch neue Methoden zu ergänzen. Informieren Sie sich über Freundschaftsevangelisation, dienende Evangelisation und vollmächtige Evangelisation. Lesen Sie Bücher wie »Faszination der Freundlichkeit« von Steve Sjogren oder »Vollmächtige Evangelisation« von John Wimber und Kevin Springer.
- Praktizieren Sie Evangelisation durch Gebet oder fragen Sie Menschen nach ihren Anliegen und beten Sie dann für sie. Bitten Sie Jesus dabei im Gebet, sich diesen Menschen zu zeigen.
- Ziehen Sie in Erwägung, in Ihrer Gemeinde den Alpha-Kurs anzubieten. Dieser Kurs begann in England und ist vielleicht das beste evangelistische Instrument für Gemeinden in der Erneuerung. Er verbindet persönliche Evangelisation, dienende Evangelisation, Verkündigung und vollmächtige Evangelisation in einem bewährten Format, das jede Gemeinde oder Gruppe leicht übernehmen kann.

Kapitel 7

Ein Haus des Gebets für alle Völker

Billy Graham erklärte einmal, dass es drei Schlüssel für seine Großevangelisationen gäbe: erstens Gebet, zweitens Gebet und drittens Gebet.

Und John Wesley sagte: »Alles durch Gebet und nichts ohne Gebet.« Diese Aussagen kann ich nur unterstreichen.

Alles, was im Mott-Auditorium geschah und noch geschieht, ist eine direkte Folge von Gebet. Ich habe einige Leute sagen hören, dass die augenblickliche Erweckung die Welt souverän erfasste, ohne dass dafür gebetet worden wäre. Ich verstehe, warum sie das sagen. Die Christen in Toronto hielten zum Beispiel keine besonderen Gebetsstunden, bevor der Heilige Geist am 20. Januar 1994 die Menschen erfüllte. Soweit ich informiert bin, war das auch in der *Vineyard*-Gemeinde in Anaheim nicht der Fall.

Dennoch glaube ich, dass es immer eine Gebetserhörung ist, wenn der Heilige Geist eine Gemeinde erfüllt, und stimme der Aussage eines Leiters zu, der meinte: »Nie hat es eine historische Erweckung ohne außerordentliches Gebet gegeben.« Die augenblickliche Welle des Heiligen Geistes ist wahrscheinlich eine Folge der intensiven Gebete von 1980 bis Anfang der 90er Jahre. Die christliche Gemeinschaft hat zwar insgesamt in diesen Jahren nicht sehr viele Resultate für ihre

Anstrengungen gesehen, aber engagiert und intensiv gebetet.

Dasselbe gilt auch für uns. Zumindest haben wir gebetet, besonders jedoch mein Freund Lou Engle.

Ein unvergleichlicher Fürbitter

Mein Mentor und Professor Dr. Peter Wagner sagte einmal, wenn er eine Gemeinde gründen würde, würde er zuallererst nach einem Fürbitter suchen.

Durch Gottes Gnade brauchte ich nicht erst nach einem zu suchen. Gott hatte mich schon mit Lou Engle, einem unvergleichlichen Fürbitter, zusammengebracht. Lou ist nicht nur ein Gebetskämpfer, der die Fürbitte in unserer Gemeinde betreut. Er war außerdem ein treuer Freund, Vertrauter, Partner und Mitpastor.

Eigentlich war Lou für mich ein »Father Nash«. Father Nash war der Mann, der Charles Finney auf seinen Reisen begleitete und Fürbitte tat, während Finney predigte. Oft betete Lou, während ich Versammlungen abhielt und predigte. Er erinnert mich auch an Frank Bartleman, einen Erweckungsprediger, der sich während der *Azusa Street*-Erweckung dem Fasten und Beten verpflichtete. Nie habe ich jemanden getroffen, der das Gebet so verinnerlicht und personifiziert wie Lou Engle.

Außergewöhnliches Gebet

Jonathan Edwards sagte, wenn wir Erweckung erleben wollen, brauchen wir »ausdrückliche Übereinstimmung, sichtbare Einheit und außergewöhnliches Gebet«. Diese Art von Gebet zieht sich wie ein roter Faden durch die

Berichte über die Ereignisse in der *Harvest Rock Church*. Man kann es auch so ausdrücken wie Alice Smith: »Bete, bis etwas geschieht.«[1]

Als wir die *Harvest Rock Church* gründeten, begannen wir als Gebetsversammlung. Als Gott uns zu verstehen gab, dass wir ständige Erneuerungsversammlungen abhalten sollten, begannen wir, indem wir in den ersten 21 Tagen beteten und fasteten.

Für mich war es das erste Mal, dass ich 21 Tage lang fastete und nur Flüssigkeit zu mir nahm. An fünf Tagen pro Woche trafen wir uns zum Gebet, während wir abends die Erneuerungsversammlungen hielten. Es ist schwer zu glauben, dass wir nach Toronto weltweit die längste Phase fortwährender Erneuerungsversammlungen erlebten. Ich bin fest davon überzeugt, dass dies vor allem deshalb möglich war, weil wir die Versammlungen durch Gebet vorbereitet, geweiht und begleitet haben.

Ständiges Gebet

Eine entscheidende Entwicklung im Leben unserer Gemeinde setzte im Herbst 1995 ein.

Gott schenkte Lou Engle und mir den Eindruck, wir sollten ein 24-stündiges Gebetshaus für alle Völker einrichten. Schon seit Jahren hatte Lou den Wunsch gehabt, in dieser Weise kontinuierlich zu beten, aber der Zeitpunkt war offenbar noch nicht gekommen. Doch nun gab der Herr uns die Erlaubnis, damit zu beginnen.

Wir trafen uns mit einigen ausgesuchten Fürbittern und sprachen mit ihnen über die Vision, rund um die Uhr im Mott zu beten. Jeder Tag wurde in dreistündige Einheiten unterteilt, unter denen die Fürbitter wählen konnten. Jeder verpflichtete sich für eine Einheit pro Woche, zu der sie alle Christen einladen konnten, mit denen sie gemeinsam beten wollten.

Lou hatte außerdem den Eindruck, wir sollten eine klare Aufgabenbeschreibung entwickeln und kurz die Anliegen benennen, die in jeder Einheit abgedeckt werden sollten.

Für diesen Zweck stellten wir einen besonderen Raum zur Verfügung, der mit einem dicken Teppich, Kniebänken, Kissen, verschiedenen Stühlen und einer Weltkarte ausgestattet war, die sich über eine ganze Wand erstreckte. In den Regalen befanden sich nur ausgesuchte Materialien über Gebet und Weltevangelisation. Neue Gebetstagebücher wurden ausgelegt, in die aktuelle Anliegen und Gebetserhörungen, Prophetien, Offenbarungen und Träume eingetragen wurden und in denen die Namen der Mitglieder unserer Gemeinde verzeichnet waren, die weltweit in irgendeinem Dienst arbeiteten. Ergänzt wurde die Ausstattung durch eine große Auswahl an Lobpreis- und Anbetungsmusik und eine kleine Stereoanlage.

Zur Einweihung des Gebetsraums beschlossen wir, unsere Gemeinde zu einer ausgedehnten Zeit des Betens

> Rick Joyner schrieb in seiner Vision vom Himmel, dass diejenigen dem Thron Gottes am nächsten waren, die sich auf der Erde der Fürbitte gewidmet hatten.

und Fastens in den ersten 40 Tagen des Jahres 1996 aufzurufen. Während dieser Zeit »taufte« Lou den Raum persönlich, indem er 40 Tage lang fastete und betete. In den letzten 10 Tagen wohnte er buchstäblich in dem Gebetsraum und betete unablässig. In seine Wohnung auf der anderen Straßenseite ging er nur, um zu duschen und die Kleider zu wechseln. Nach den 40 Tagen begannen die kontinuierlichen Gebetsschichten, die bis heute andauern.

Ich weiß nicht, wo wir heute als Gemeinde stünden, wenn die Fürbitter nicht die Zeit über so intensiv gebetet hätten. Ich möchte jedem danken, der sich an unserem Gebetshaus beteiligt hat – und all den anderen, die überall auf der Erde so beständig arbeiten, um das Reich Gottes zu bauen. Ich weiß, dass Sie eine wichtige Arbeit leisten, und Ihr Lohn im Himmel wird groß sein (vgl. Mt 6)!

Rick Joyner schrieb in seiner Vision vom Himmel:

»Als ich mich dem Richterstuhl Christi näherte, sah ich, dass auch die Hochrangigsten auf Thronen saßen, die alle einen Teil seines Thrones bildeten […]. Doch schienen treue, betende Frauen und Mütter stärker als jede andere Gruppe vertreten zu sein.«[2]

Auch ich glaube, dass es so sein wird. Gott fordert uns auf, »ihm keine Ruhe [zu lassen], bis er Jerusalem wieder aufbaut, bis er es auf der ganzen Erde berühmt macht« (Jes 62,7).

Wie gerne würden wir erleben, dass diese Gebete andauern, bis der Herr wiederkehrt. Auch in der Bibel heißt es, dass das Evangelium vom Reich allen Völkern gepredigt werden muss, und »dann erst kommt das Ende« (Mt 24,14). Wir werden weiter rund um die Uhr fasten und beten, bis alle Völker der Welt erreicht worden sind. Das ist es, so glauben wir, was der Herr uns aufgetragen hat.

Auch wenn nicht jeder aufgerufen ist, ein 24-stündiges Gebetshaus aufzubauen, können wir alle irgendetwas tun. Gott hat zum Beispiel vielen Gemeinden deutlich gemacht, dass sie einmal in der Woche eine Gebetsnacht durchführen sollen. Entscheidend ist, genau das zu tun, was der Vater Ihnen in Bezug auf Gebet zeigt.

40 Tage Gebet und Fasten

Lou ist der einzige Christ, den ich persönlich kenne, der dreimal 40 Tage lang gefastet hat.

Scherzhaft sage ich manchmal, dass ich Lou in unser Leitungsteam aufgenommen habe, damit er das Fasten übernimmt und ich das Essen. Ehrlich gestanden hasse ich es zu fasten. Früher glaubte ich sogar, dass ich tatsächlich nicht zu fasten brauchte. Auch meine Frau Sue beschäftigt sich vor allem mit dem Beten und dem Fasten. So folgerte ich, dass durch Sues und Lous Hingabe die ganze Gemeinde und ich selbst abgedeckt wären, doch da täuschte ich mich.

In der zweiten Hälfte des Jahres 1996 begann Gott, mich zu einer längeren Zeit des Fastens herauszufordern. Wie viele andere Christen hatte ich Bill Brights Buch über das Fasten – *The Coming Revival* (Die kommende Erweckung) – gelesen. In diesem Buch erklärt Bright:

> *»Die Macht eines mit Gebet verbundenen Fastens ist die geistliche Atombombe in unserer heutigen Zeit, um die Festungen des Bösen einzureißen, eine große Erweckung und ein geistliches Erwachen in Amerika herbeizuführen und die Erfüllung des Missionsbefehls zu beschleunigen.«*[3]

1997 machte Gott mir dann schließlich deutlich, dass wir Pastoren gemeinsam 40 Tage lang fasten sollten.

Wir hatten von den Pastoren und Gemeinden in Houston gehört, die unter Doug Stringer, dem Leiter der ortsansässigen Organisation *Someone Cares Houston*, die letzten 40 Tage des Jahres 1996 gefastet hatten. (Es kann nur Gottes Werk sein, wenn jemand am Erntedankfest und an Weihnachten fastet!) John Arnott hatte mir erzählt, dass seine Gemeinde in Toronto plante, die ersten 40 Tage des Jahres 1997 zu fasten.

Außerdem hatte ich gehört, dass etwa 50 Pastoren und ihre Gemeinden in Dallas dasselbe vorhatten. Wir beschlossen, unser Fasten am Aschermittwoch zu beginnen und 40 Tage später am Ostersonntag zu beenden.

Im Januar teilte ich der Gemeinde diesen Plan mit und erklärte, dass wir Pastoren uns zu diesem Fasten verpflichtet hatten und dass jeder sich uns anschließen könne, der es wollte. Zu meinem Erstaunen verpflichteten sich über 600 Personen, in der einen oder anderen Weise mitzufasten. Einige aßen nur Gemüse, andere nur eine Mahlzeit am Tag und so weiter. Mehr als 65 Personen verpflichteten sich, die ganzen 40 Tage hindurch nur zu trinken. Zu dieser Gruppe gehörte auch ich.

Zu Anfang fiel es mir sehr schwer. Ich war daran gewöhnt, Diät-Cola zu trinken, deshalb bekam ich den Mangel an Koffein zu spüren und litt an Kopfschmerzen und Müdigkeit. In der zweiten Woche träumte ich fast jede Nacht von Essen. An einen Traum erinnere ich mich noch lebhaft. Ich war nach Hause gekommen und sah eine Schale Reis und einen Teller mit koreanischem Barbecue auf dem Tisch stehen. Der Anblick war so real, dass ich mich im Traum setzte und das Essen herunterschlang. Dann wurde mir bewusst, dass ich das Fasten gebrochen hatte. Ich fühlte mich schrecklich. Ich kam mir vor wie Esau, der sein Erstgeburtsrecht für eine gewöhnliche Mahlzeit verkauft hatte. Dann wurde mir klar, dass nichts mehr zu ändern war, da ich das Fasten bereits gebrochen hatte; also konnte ich genauso gut weiteressen und griff wieder zu. Erst als ich aufwachte, merkte ich, dass es nur ein Traum gewesen war. Ich war so dankbar!

Ich glaube, der Traum motivierte mich und half mir, das Fasten auch dann nicht zu brechen, wenn ich in Versuchung kam aufzugeben. Noch ein praktischer Hinweis über das Fasten: Mein Körper baute zunächst mehr Muskelmasse als Fett ab. Nach 10 Tagen warnte mich ein Arzt unserer Gemeinde, ich solle etwas flüssiges Protein trinken und auf genügend körperliche Bewegung achten. Dieser Rat war für meine Gesundheit entscheidend. Bald begann ich, Körperfett und nicht Muskeln abzubauen. Selbst nach dem Fasten konnte ich mein Gewicht weitgehend halten und wiege noch immer sieben Kilo weniger als vor dem Fasten. So weit, so gut!

Natürlich war das Abnehmen nicht der Hauptgrund für das Fasten. Mein wichtigstes Ziel war es, an Liebe zu wachsen – ein Gebet, das Gott noch immer auf vielfältige Weise erhört, wie ich im Verlauf dieses Buchs noch berichten werde.

Wir beendeten das 40-tägige Fasten mit einer Heilungskonferenz. Mahesh Chavda war eingeladen worden und er leitete uns am Freitagabend in einer »Gebetswache« – einer ganzen Nacht des Gebets. Gegen drei Uhr morgens geschah etwas höchst Ungewöhnliches. Ein riesiger Baum vor dem Auditorium spaltete sich in der Mitte – als wäre er vom Blitz getroffen worden. Und dieser Baum stand direkt vor meinem Parkplatz! Es gab weder Wind noch Regen noch Blitze noch sonst irgendeine natürliche Ursache für diesen Vorfall!

Eine Person, die gerade die Gebetsversammlung verließ, berichtete uns, was geschehen war. Als ich es Mahesh mitteilte, sah er darin ein Zeichen, dass dämonische Festungen im Mott gebrochen wurden und dass wir erleben würden, dass der Heilige Geist noch mehr Raum

> „Ich glaube, dass Gott uns ein Zeichen gab, um uns zu ermutigen und deutlich zu machen, dass wir mit unserer gehorsamen Treue im Gebet und Fasten auf dem richtigen Weg waren.

einnehmen würde. Mahesh hatte solche Vorfälle bei Evangelisationen in Afrika schon mehrmals erlebt. Er sagte uns, dass Gott den Geist der Zauberei oft bricht, indem er einen Baum spaltet, gewöhnlich durch einen Blitz. In den meisten Fällen, die er miterlebte, war der entsprechende Baum den Medizinmännern der Umgebung als Machtquelle bekannt. Ob das auch in unserem Fall die Erklärung war oder nicht: Ich glaube, dass Gott uns tatsächlich ein Zeichen gab, um uns zu ermutigen und deutlich zu machen, dass wir mit unserer gehorsamen Treue im Gebet und Fasten auf dem richtigen Weg waren.

Die Frucht des Gebets

Wahrscheinlich wird wohl keiner von uns die Auswirkungen seiner Fürbitte erfahren, bis wir in den Himmel kommen. Aber bei mehreren Dingen, die sich in unserer Stadt ereigneten, glauben wir, dass sie wesentlich durch unsere Gebete und die Gebete vieler anderer Christen beeinflusst wurden.

Dazu gehört unter anderem eine dramatische Namensänderung bei einem Wahrzeichen unserer Stadt.

Hier ist Lous Bericht über die Ereignisse:

»Am Fluss, von dem Pasadena und Los Angeles ihr Wasser beziehen, befindet sich ein Damm mit dem Namen ›Teufelspforte‹. Die anderen Fürbitter und ich hatten den starken Eindruck, dass ein solcher Name die Stadt buchstäblich mit einem Fluch belegte. 1947 stand in einer örtlichen Tageszeitung: ›Tatsächlich basiert der Name ‚Teufelspforte' auf dem Anblick der satanischen Majestät dieser Felsen.‹

Eines Nachts wachte ich durch einen Traum auf und hörte die Worte: ›Gehe hin und schütte das Salz deiner Reinheit darüber aus.‹ Ich wusste zu diesem Zeitpunkt nicht, worauf sich dieses Wort bezog, doch bevor ich nach Pasadena kam, hatte Gott mir ein Wort aus dem Abschnitt gegeben, in dem Elisa Salz in die Wasserquellen Jerichos schüttete und das verseuchte Wasser reinigte (2 Kön 2,19–22).

In einer Gebetsversammlung an diesem Morgen betete ein Fürbitter unserer Gemeinde, dass Gott die Mitglieder der Stadtverwaltung dazu bringen würde, den Namen ›Teufelspforte‹ zu ändern. Da spürte ich den starken Drang, zur Teufelspforte zu gehen, als prophetischen Akt der Fürbitte Salz in das Wasser zu streuen – und Gott zu bitten, den Namen zu ändern, den Fluch zu brechen und Ströme der Erweckung fließen zu lassen, um das Tal von Los Angeles fruchtbar zu machen.

Wir gingen mit dem Pasadena-Fürbitteteam zum Damm und taten genau das. Damals herrschte in

Südkalifornien eine fünfjährige Trockenzeit. Ich wusste, dass auch Tausende anderer Christen in Kalifornien für Regen beteten, aber Gott ermutigte uns, als es acht Tage später tatsächlich zu regnen begann. Die Regenfälle waren so heftig, dass die Zeitungen vom ›Wundermonat März‹ sprachen. Es war erstaunlich. Wir dachten darüber nach und fragten uns, ob dies ein Zeichen der Erneuerung und Erweckung darstellte – vom natürlichen zum geistlichen ›Regen‹?
Doch in den nächsten zwei Jahren änderte sich der Name des Damms nicht. Eine unserer Fürbitterinnen betete immer wieder intensiv für eine Namensänderung. Und Gott zeigte ihr, dass dies auch geschehen würde und dass es ein indianischer Name sein würde.
Kurze Zeit später erlebten wir begeistert die Gebetserhörung, als ein Artikel in der Los Angeles Times *über eine Namensänderung des Damms berichtete:*
›Hahamongna – so lautete der Name, den die Gabrielinos (frühe Indianer im Gebiet von Pasadena) der so genannten ‚Teufelspforte' gaben, jenem etwa einen Quadratkilometer großen Gebiet am nördlichen Ende des Arroyo Seco […]. Die englische Übersetzung dieses Namens lautet ‚Fließende Wasser: fruchtbares Tal'. Fast alle sind sich einig, dass der Name ‚Hahamongna' ein viel passenderer Name für dieses lange vernachlässigte städtische Areal ist, nachdem sein ursprünglicher Zustand wiederhergestellt wurde …‹
Fließende Wasser und ein fruchtbares Tal – darauf richtet sich jetzt unsere Fürbitte, wie auf die Erneuerung, die mit der Ausgießung 1994 begann.

Ein weiterer grundlegender Wandel in unserer Stadt war die Umkehr der Anhänger eines Kults. Zweifellos haben viele von der *Worldwide Church of God* (WWCG; »Weltweite Kirche Gottes«) oder ihrer Zeitschrift *The Plain Truth* (»Die klare Wahrheit«) gehört. Als sie sich in Pasadena etablierten, sahen wir darin zuerst eine starke dämonische Festung in unserer Stadt; deshalb beteten wir wiederholt für diese Menschen. Ich behaupte nicht, dass wir der Grund für den durchgreifenden Wandel innerhalb der WWCG waren, aber wir haben wohl dazu beigetragen.

Gott hatte auch vorher schon längere Zeit an dieser Organisation gewirkt. Ich kenne viele ehemalige Mitglieder, die Christen geworden waren und inständig für die WWCG beteten. Ich glaube jedoch, dass die zahlreichen gemeinsamen Gebete – unsere eingeschlossen – die Veränderung herbeiführten.

Jack Hayford sagte zu diesen Veränderungen: »Soweit mir bekannt ist, hat in der Geschichte des Christentums kein Kult eine so dramatische Umkehr vollzogen.« Heute ist die WWCG ein Mitglied der *National Association of Evangelicals*. Inzwischen kenne ich viele ihrer Leiter persönlich, darunter auch den Präsidenten Joseph Tkach. Ich kann aufrichtig sagen, dass sie echte lebendige Christen sind.

Wenn Gott durch die Gebete der Heiligen die Mauern der Täuschung innerhalb der WWCG niederreißen kann, dann sollten wir ernsthaft und im festen Vertrauen auf Gott beten, dass auch Gruppen wie die Mormonen oder Muslime zum Glauben an ihn finden werden.

Geduldig und ausdauernd beten

Ich bin unendlich dankbar für die Erneuerung, die Gott unserer Stadt geschenkt hat. Aber die Versuchung ist groß, jetzt nicht mehr so inständig zu beten, weil die Dinge so souverän zu geschehen scheinen.

Wir haben gelernt, dass wir – wenn Gott seine unverdiente Gnade ausgießt – uns dem Gebet verpflichten sollten wie nie zuvor (vgl. 1 Thess 5,17). Außerdem sind wir noch nicht »angekommen«. Ja, wir erleben Erneuerung, aber das ist nicht dasselbe wie die Erweckung, über die wir in der Apostelgeschichte nachlesen können. Wir erleben noch nicht, dass Menschen scharenweise in das Reich Gottes kommen. Ich glaube, dass Erneuerung ein Teil der Erweckung ist, aber sie stellt die frühe Phase einer Erweckung dar, in der die Gläubigen erfrischt und erneuert werden können. Zu einer echten, historischen Erweckung gehört aber eine große Ernte und eine Umgestaltung der Gesellschaft. Alice Smith schreibt in ihrem Buch »Beyond the Veil«: »Brennendes, glaubendes, anhaltendes, eindringliches, ausharrendes, inniges Gebet geht immer einem Handeln Gottes voraus.«[4]

In dieser Absicht hören wir nicht auf, zu arbeiten, zu beten und zu glauben! Wir müssen beharrlich weitergehen, bis er sein Volk wahrhaftig auf der ganzen Erde berühmt macht!

Erneuerung wird Wirklichkeit ... einige praktische Vorschläge

- Beschäftigen Sie sich mit Büchern, Kassetten etc. zum Thema »Gebet«.
- Bücher wie *The Lost Art of Intercession* von Jim

Goll, *Intercessory Prayer* von Dutch Sheets, *Beyond the Veil* von Alice Smith oder eines der hervorragenden Bücher von C. Peter Wagner sind besonders hilfreich.
- Beteiligen Sie sich an einer Gebetsgruppe, auch wenn nur zwei oder drei Beter dazugehören.
- Nehmen Sie regelmäßig an gemeinsamen Gebetsversammlungen teil.
- Setzen Sie es sich zum Ziel, für ein Eingreifen Gottes in Ihrem Leben, im Leben Ihrer Gemeinde und im Leben Ihrer Stadt zu beten und vernachlässigen Sie das intensive, beständige persönliche Gebet nicht.
- Beten Sie für die Liste Ihrer Freunde und Verwandten, die in der Nähe Ihrer Gemeinde leben.
- Fasten Sie. Lesen Sie Bill Brights Buch *The Coming Revival*, um sich über die Möglichkeiten eines längeren Fastens zu informieren und motiviert zu werden.

Kapitel 8

Ein neuer Geist der Einheit

Zwar erlebte ich erst 1994 Erneuerung, aber schon zuvor war Samen gesät worden. Eine bemerkenswerte Erfahrung war eine Reise nach Argentinien im Jahr '91. Diese eine Reise änderte meine Selbstwahrnehmung und meine Sicht des Christentums radikal – und trug dazu bei, den Weg für das Eingreifen Gottes zu ebnen, das drei Jahre später folgen sollte.

Ich hatte in einer Vorlesung von Dr. C. Peter Wagner am *Fuller Theological Seminary* von der Erweckung in Südamerika gehört. Wagner erwähnte auch eine bevorstehende Herbst-Konferenz in Argentinien unter der Leitung von Ed Silvoso, der ein international bekannter Sprecher, Autor und ein Leiter in der argentinischen Erweckungsbewegung ist. Die Liste der eingeladenen Referenten war unglaublich. Ich musste einfach hinfahren.

Außerdem hatten Lou Engle und ich immer gesagt, wenn irgendwo in der Welt eine Erweckung ausbrechen würde, dann würden wir hinfahren, um sie mitzuerleben. Wir beide waren uns einig, dass wir alles getan hätten, um die Erweckung in der *Azusa Street* in Los Angeles mitzuerleben, wenn wir Zeitgenossen dieser Ereignisse zu Beginn des 20. Jahrhunderts gewesen wären. Aber da wir nicht 1906 lebten, sondern in der Gegenwart, würden wir uns diese Gelegenheit in Lateinamerika nicht entgehen lassen!

Gott führt uns unser Fehlverhalten vor Augen

Da zu dieser Zeit dort die Erweckung und gleichzeitig eine Konferenz stattfand, erschien uns der Herbst 1991 als idealer Zeitpunkt für eine Reise nach Argentinien. Die Gemeindebewegung, der ich zu diesem Zeitpunkt angehörte, erlaubte mir freundlicherweise, als Vertreter unserer Organisation zu reisen, und unsere Ortsgemeinde kam für Lous Kosten auf. Bald waren Lou und ich unterwegs, um an der ersten *Harvest Evangelism Conference* in Buenos Aires teilzunehmen.

Die Konferenz war noch nicht offiziell eröffnet worden, als der Heilige Geist bereits begann, mir falsche Verhaltensweisen vor Augen zu führen. Ich hatte mich den etwa 100 amerikanischen Delegierten angeschlossen, die Ed Silvoso noch vor Beginn der Konferenz zu einem Essen eingeladen hatte. Wir genossen ein original südamerikanisches Barbecue auf einer argentinischen Ranch und versammelten uns anschließend zur Teilnahme am Abendmahl.

Als Ed uns auf das Abendmahl vorbereitete, sprach er leidenschaftlich über die Einheit im Leib Christi. Er führte uns in aller Deutlichkeit vor Augen, dass Gott nicht auf denominationelle Hintergründe achtet, sondern nur die eine Kirche sieht. Dann bat er uns, als Ausdruck dieser Einheit ganz nahe zusammenzurücken und die Menschen neben uns mit den Armen zu umfassen.

Wir drängten uns zu einem dichten Menschenknäuel zusammen. Ich kann nicht beschreiben, was dann geschah, aber der Gegensatz zwischen dem Bewusstsein der Einheit, die ich in diesem Augenblick wahrnahm, und meiner eigenen Unfähigkeit, die Kirche auch wirklich als eine Einheit zu sehen, überwältigte mich. Der

Schmerz ließ sich nicht unterdrücken und ich brach in lautes Schluchzen aus. Gott überführte mich mit großem Nachdruck von Gesetzlichkeit und religiösem Separatismus, und das war nur der Anfang.

Die ganze Konferenz hindurch musste ich immer wieder weinen. Es ist keine Übertreibung, wenn ich sage, dass ich in dieser Woche mehr weinte als in jeder anderen Woche meines Lebens. In den Versammlungen sprach Ed Silvoso erneut über die Einheit der Kirche. Und wieder musste ich weinen.

Joe Aldrich, einer der Leiter der Gebetstreffen im Nordwesten der Vereinigten Staaten, berichtete über die Einheit, die er bei diesen Gebetstreffen erlebte. »Wir kommen einfach zusammen und beten und preisen Gott«, erklärte er. »Andere Pläne haben wir nicht. Keiner wurde als Redner oder Prediger eingeplant. Wir kommen einfach zusammen, ohne an unsere denominationelle Herkunft oder die Größe unserer Gemeinde zu denken. Wir sind einfach als Brüder zusammen.«

»Am Ende der drei gemeinsamen Tage«, fuhr Joe fort, »gestehen viele von uns Gefühle von Rivalität, Eifersüchteleien, Uneinigkeit und Sektierertum.«

Bei diesen Worten begann ich, an meinem Platz zu weinen, da Gott mich von denselben Dingen überführte, die diese Pastoren einander während der Gebetsgipfel bekannten. Ich bereue offen, dass wir unsere Gemeinde

> Wir dachten, wir befänden uns an »vorderster Front« dessen, was Gott tat, weil wir »geisterfüllt« waren, und [...] hielten unseren »neuen Weinschlauch« oder unsere Dienstphilosophie für das einzig »Wahre«.

mit anderen verglichen und nicht wirklich für die anderen beteten oder sie segneten. Ich bat um Vergebung für mein eigenes Herz und für meine rivalisierende und eifersüchtige Haltung.

Hätte ich dieselbe Botschaft an einem anderen Ort gehört, dann bezweifle ich, dass sie mich genauso tief getroffen hätte. Die Gegenwart Gottes war in Argentinien aber so stark zu spüren, dass selbst diese schlichten Worte über Einheit mich in meinem tiefsten Inneren trafen. Vielleicht spielte es auch eine Rolle, dass ich von meiner eigenen Stadt und meinem »Territorium« entfernt war.

In seinem Buch »… dass niemand verloren geht« bemerkt Ed Silvoso weise:

> *»Geschichtlich gesehen sind Pastoren und Leiter immer zusammengekommen, um etwas zu tun (ein Feldzug, ein Seminar o. Ä.), statt etwas in Christus zu werden. Das Problem bei programmorientierter Einheit ist, dass diese ›Einheit‹ sich in Luft auflöst, sobald das Programm beendet ist. Was ich hier beschreibe, ist etwas völlig anderes. Es geht um die Einheit in Christus.«*[1]

In diesen Versammlungen in Argentinien begann Gott, mir zu zeigen, was Einheit wirklich bedeutet.

Ich wusste, dass ich durch mein Weinen Aufsehen erregte, aber ich konnte die Tränen einfach nicht zurückhalten. Einige Abende später tauschten Lou und ich uns über unsere Notizen aus und stellten fest, dass wir beide das Gleiche erlebten. Wir blieben in dieser Nacht bis 2:30 Uhr auf, weinten und taten Buße für jedes Fehlverhalten und jede schädliche Haltung, die Gott uns zeigte. Uns wurde bewusst, dass wir nie etwas unternommen hatten, um engen Kontakt zu anderen Gemeinden aufzubauen – weder in unserer Stadt noch an anderen Orten, an denen ich als Pastor tätig gewesen war.

Traurigerweise hatten wir immer gedacht, wir befänden uns an »vorderster Front« dessen, was Gott tat, weil wir »geisterfüllt« waren und die »Offenbarung« hatten, dass er seine Gemeinde wiederherstellen würde. Wir waren so sicher gewesen, dass andere Christen nicht das Beste erreichten, das Gott für uns geplant hat, und hielten unseren »neuen Weinschlauch« oder unsere Dienstphilosophie für das einzig »Wahre«.

Als wir im Gebet Buße für unsere Sünden des Stolzes, der Arroganz, der Gesetzlichkeit und des Sektierertums getan hatten, war die Nacht schon weit vorgerückt! Später setzte sich das Weinen fort, als wir die Konferenz unterbrachen, um eine Stadt zu besuchen, die unter dem Einfluss der Erweckung stand: Resistencia. Die Pastoren der Stadt berichteten, wie Gott sie für die Erweckung vorbereitet hatte, indem er sie zur Einheit führte. Drei Jahre lang trafen sich etwa 65 von 75 evangelikalen Pastoren der Stadt wöchentlich zum Gebet.

Sie beteten für den Erfolg der anderen Gemeinden, die in dieser Gegend ansässig waren. Und sie taten noch mehr, als füreinander zu beten. Als ein Pastor verzweifelt war, weil man einen Teil seines Gemeindegebäudes niedergebrannt hatte, schlossen sich die anderen Pastoren zusammen und veranstalteten einen traditionellen argentinischen »Scheunenbasar«, um Geld für den Wiederaufbau zu sammeln.

Nach drei Jahren luden sie dann Carlos Annacondia zu einer stadtweiten Evangelisation ein. Wenn ich mich recht erinnere, kamen in diesen 40 Tagen etwa 50 000 Menschen zum Glauben an Christus.

Als sie über diese wunderbaren Ereignisse berichteten, kamen mir wieder die Tränen, weil ich erkannte, dass ich mir über die anderen Pastoren in der Gegend von Pasadena nie Gedanken gemacht und immer nur an meine Gemeinde gedacht hatte. Ich begann zu erkennen, dass wir in keiner Stadt je eine Erweckung erleben werden, solange unter den Pastoren nicht Einheit herrscht. An Ort und Stelle fasste ich den festen Entschluss, mich nicht nur durch Gottes Gnade zu ändern, sondern auch alles zu tun, was ich konnte, um bei meiner Rückkehr nach Pasadena mein Verhalten zu ändern.

Die Anfänge der Einheit

Ich wurde von dem Wunsch angetrieben, auch in Pasadena Einheit unter den Pastoren zu erreichen. Auf dem Rückflug von Argentinien erklärte ich jedem Christen, der mir in diesem Flugzeug begegnete, wie wichtig die Einheit ist – als hätten sie auf der Konferenz nicht dieselbe Botschaft gehört wie ich. Doch mein Herz war so erfüllt, dass mir einfach der Mund überging.

Als ich nach Pasadena zurückkam, wollte ich jeden Pastor treffen, der zu einer Begegnung bereit war. Ich stellte fest, dass noch in derselben Woche ein Gebetstreffen geplant war. Es war eines der so genannten »Gebetskonzerte« nach dem Vorbild von David Bryant, die überall in den Vereinigten Staaten gehalten wurden.[2]

Obwohl ich noch nie an einem solchen Treffen teilgenommen hatte, war ich nun fest dazu entschlossen. Ich wollte mich an allem beteiligen, was sich auf die Gesamtheit der Gemeinde in dieser Gegend bezog.

Offenbar war meine Teilnahme an diesem Gebetskonzert eine Vorsehung. In diesem Sommer waren mehrere Pastoren nach Pasadena gezogen, um ihre neue

Aufgabe im Gemeindedienst anzutreten. Dieses besondere Gebetstreffen sollte dazu dienen, sie willkommen zu heißen und für sie zu beten. Aus diesem Grund waren viele Pastoren gekommen, die normalerweise nicht an solchen Treffen teilnahmen.

Einer der Pastoren, die regelmäßig teilnahmen, wusste von meiner Reise nach Argentinien und bat mich, kurz zu berichten, was ich während meines Aufenthalts erlebt hatte. Ich spürte, dass Gott mir hier eine Gelegenheit gab, vor meinen Brüdern in Pasadena für mein bisheriges Fehlverhalten Buße zu tun.

»Argentinien hat mein Leben verändert«, begann ich. »Dort geschieht wirklich Erweckung. Erweckung kann auch hier geschehen, wenn wir Gott erlauben, unsere Sünden zu offenbaren, und ihn aufrichtig um Vergebung bitten. In Argentinien hat Gott mich von meinen Sünden überführt. Er hat mir bewusst gemacht, dass ich euch, meine Mitpastoren in dieser Stadt, nicht geliebt habe. Er hat mich von meinem Stolz überführt, von meiner Selbstbezogenheit und davon, dass ich nicht die Einheit gesucht habe. Bitte, bitte vergebt mir«, bat ich.

Nach diesen Worten setzte ich mich wieder. Einer der Pastoren stand auf und sagte: »Ich denke, wir müssen unserem Bruder antworten. Wir vergeben dir, Ché.«

Ich war dankbar für das, was der Herr getan hatte, aber ich war noch nicht zufrieden, als ich die Versammlung verließ. Irgendetwas beschäftigte mich noch.

Am folgenden Sonntag berichtete ich unserer Gemeinde, was Gott in Argentinien in meinem Leben getan hatte. Außerdem teilte ich meinen Eindruck mit, dass wir spontan ein zweites Opfer für die verschiedenen Gemeinden der Stadt einsammeln sollten.

Wir sammelten über 8 000 Dollar – eine beträchtliche Summe für ein zweites Opfer in der *Abundant Life*

Community Church. Die Ältesten gaben mir die Freiheit, das Geld in Beträge zwischen 500 und 1 000 Dollar zu teilen, die wir verschiedenen Pastoren und Gemeinden der Stadt zukommen ließen.

Ich versuchte, mich bei der Verteilung des Geldes vom Heiligen Geist leiten zu lassen. Mein Ziel war es, zu Gemeinden zu gehen, die verschiedene Denominationen und ethnische Gruppen repräsentierten. 1 000 Dollar gaben wir der *Lake Avenue Congregational Church*, die gerade mitten in einem größeren Bauprojekt steckte. 1 000 Dollar überbrachten wir dem *Confirmed Word Faith Center,* einer afrikanisch-amerikanischen Kirche in Pasadena. Außerdem gingen 1 000 Dollar an Ralph Winter und das *U.S. Center for World Mission,* eine überkirchliche evangelikale Organisation, die einen zentralen Platz in der Gemeindelandschaft unserer Stadt einnimmt.

Einige der Pastoren reagierten überrascht, andere fast schockiert, als ich ihnen einen Scheck gab. Obwohl es keine besonders hohen Beträge waren, konnte ich spüren, wie die trennenden Mauern zwischen den Gemeinden unserer Stadt langsam bröckelten.

Marsch für Jesus

Eine Woche nach meiner Rückkehr aus Argentinien legte Peter Wagner mir nahe, zu einer Planungskonferenz für einen »Marsch für Jesus« nach Texas zu reisen. Er glaubte, dass Gott mich in Argentinien besonders gesegnet hatte und ich unsere Stadt am besten repräsentieren konnte, um in Pasadena einen Marsch zu beginnen.

Bis zu diesem Zeitpunkt war der Marsch in England ein sehr erfolgreicher Ausdruck des gemeinsamen Glaubens der Christen und ihrer Liebe zu Jesus gewesen, während es in den Vereinigten Staaten noch kaum entsprechende Initiativen gab. Nun kamen Roger und Faith Forster und Graham Kendrick, drei Leiter der »Marsch für Jesus«-Bewegung, zu einem nationalen Planungstreffen nach Texas.

Mir war etwas unwohl bei dem Gedanken, schon wieder zu reisen, da ich gerade erst 10 Tage außer Landes gewesen war und die Konferenz in Texas bereits eine Woche später stattfinden sollte. Doch der Eifer für die Einheit unserer Stadt beseelte mich, und der Marsch war offensichtlich eine großartige Möglichkeit, damit zu beginnen. Also stimmte ich zu.

Die Leiter der internationalen Bewegung planten, den ersten Marsch in Amerika innerhalb von knapp sechs Monaten zu organisieren, sodass er im Frühling 1992 stattfinden würde. Die Teilnehmer dieser historischen Zusammenkunft wurden deshalb gebeten, sofort nach ihrer Rückkehr die nötigen Vorbereitungen einzuleiten. Offen gesagt war ich Feuer und Flamme.

In Pasadena war ich kein allgemein anerkannter Leiter und hatte auch in der Tat keine besonders guten Beziehungen zu den anderen Leitern in der Stadt unterhalten. Ich wusste, dass der Marsch in Pasadena nur Erfolg haben würde, wenn die evangelikalen Gemeinden zur Mitarbeit bewegt werden konnten. Denn demographisch betrachtet sind bei uns nicht die Pfingstgemeinden oder die charismatischen Gemeinden führend, sondern die traditionelleren evangelikalen Gemeinden.

Als ich aus Texas zurückkam, sprach Peter Wagner mir sein Vertrauen aus, den Marsch in Angriff zu nehmen. Dennoch war mir bewusst, dass ich mehr als seine Zustimmung brauchte. Innerhalb kurzer Zeit rief ich die Pastoren der sieben größten evangelikalen Gemeinden

Pasadenas an und lud sie zu einem Mittagessen im besten chinesischen Restaurant der Stadt ein. Es ist erstaunlich, wie gutes Essen auch die meistbeschäftigten Pastoren auf den Plan bringt – jeder, den ich eingeladen hatte, erschien!

Nach dem Essen sprach ich über die Vision von einem »Marsch für Jesus«. Ich gestand offen, dass wir ohne die verbindliche Unterstützung der Pastoren in Pasadena keinen Marsch veranstalten konnten. Außerdem erklärte ich mich bereit, jede beliebige Aufgabe zu übernehmen, und bekräftigte, dass ich ohne ihre Unterstützung auch keinen Marsch wollte.

Einer der Pastoren fragte: »Ché, möchtest du sofort eine Antwort von uns?«

»Ja«, nickte ich. »Der ›Marsch für Jesus‹ soll schon in weniger als sechs Monaten stattfinden. Wir können nur dann rechtzeitig fertig werden, wenn ich heute eure verbindliche Zustimmung bekomme.«

Ein Pastor nach dem anderen nickte zustimmend, als ich zu jedem der Männer am Tisch Blickkontakt aufnahm. Der »Marsch für Jesus« in Pasadena nahm seinen Lauf!

Aus meiner Sicht war der Marsch 1992 in Pasadena ein großer Erfolg. 3 000 Menschen beteiligten sich. Bei einigen anderen Märschen in den Vereinigten Staaten lag die Teilnehmerzahl zwar höher, aber die meisten Christen waren charismatisch. Der Marsch in Pasadena vereinte vor allem Evangelikale aus etablierten Gemeinden wie der *Lake Avenue Congregational Church* oder *Pasadena Nazarene*. Noch wichtiger aber war, dass die Gemeinden sich in der schlichten Absicht vereinten, Jesus anzubeten.

Als Vorstandsmitglied des Pasadena-Marsches öffnete sich mir kurze Zeit später eine Tür, um auch im nationalen Vorstand von »Marsch für Jesus, Amerika« mitzuwirken. Es war ein Vorrecht, nach Austin in Texas zu fliegen und nationale Leiter wie Tom und Teresa Pelton und Don Finto zu treffen.

Eine noch wichtigere Tür in meinem eigenen Umfeld sollte jedoch meine Zusammenarbeit mit Pastor Jack Hayford und *Love Los Angeles* (Love L. A.) werden.

Love L. A.

Jack hatte etwa 75 Pastoren zu einem vorbereitenden Frühstückstreffen eingeladen und aus irgendeinem Grund stand auch ich auf der Einladungsliste.

Gegründet wurde *Love L. A.* von Jack Hayford, dem leitenden Pastor der *Church On The Way* mit ihren 8 000 Mitgliedern in der kalifornischen Stadt Van Nuys, und durch Lloyd Ogilvie, damals leitender Pastor der *Hollywood Presbyterian Church* und heute Kaplan des amerikanischen Senats.

Love L. A. ist als Gebetstreffen von Pastoren gedacht und findet drei- bis viermal im Jahr statt. Zwischen 200 und 600 Pastoren kommen zusammen, um aus Liebe zu den Menschen in Los Angeles für die Stadt zu beten.

Nach diesem ersten Frühstückstreffen in der *Church On The Way* mischte sich Jack Hayford unter die Leute, und ich ging zu ihm, um ihm für die großartige Arbeit zu danken, die er für unsere Stadt leistete. Ein Wort führte zum anderen, und schließlich fragte er mich, ob ich etwas Zeit erübrigen und in sein Büro kommen könne.

Er verabschiedete sich von einigen Pastoren und führte mich dann hinauf in sein Büro. Wir setzten uns und begannen zu reden. Ich erzählte ihm, wie Gott in Argentinien mein Leben verändert hatte und wie ich nun entschlossen war, mit allen Mitteln die Einheit in unserer Stadt zu fördern. Jack war sichtlich bewegt, als ich das Opfer erwähnte, das wir zur Unterstützung anderer Pastoren in Pasadena eingesammelt hatten.

»Ché, solche Pastoren brauchen wir für das Leitungsteam von ›Love L. A.‹. Du hast nicht nur ein Herz für Einheit, sondern du bist auch ein Asiate. Wir brauchen mehr Asiaten für die Arbeit von ›Love L. A.‹. Was hältst du davon, mit Lloyd und mir im Leitungsteam zu arbeiten?«, fragte er.

Ich traute meinen Ohren kaum. Die Einladung verblüffte mich so, dass ich nicht wusste, was ich sagen sollte. Natürlich erklärte ich, dass es mir eine Ehre wäre. Aber erst einige Monate später, als ich zu einem Mittagessen mit den Leitern von *Love L. A.* eingeladen wurde, erkannte ich, worauf ich mich wirklich eingelassen hatte.

Zum Leitungsgremium gehörten damals neben Jack Hayford und Lloyd Ogilvie auch Bischof Charles Blake, ein Pastor der *Church of God in Christ* in Amerika, die mit ihren 14 000 Mitgliedern die größte ihrer Art war, und Ken Ulmer, Bischof einer charismatisch-baptistischen Denomination und Pastor einer weiteren Megagemeinde.

Als ich dort saß, dachte ich bei mir: *Was stimmt bei diesem Bild nicht? Was mache ich hier mit all diesen großen und berühmten Pastoren von Megagemeinden?* Trotzdem wusste ich, dass Gott mich an diesen Platz gestellt hatte. Es war ein Vorrecht, Teil dieser Leiterschaftsgruppe zu sein.

Jeder dieser Männer akzeptierte mich als Freund und Mitpastor. Ich fühlte mich geehrt, als Lloyd mich einlud, bei seinem Abschiedsgottesdienst zu sprechen, nachdem er das Amt des Kaplans im amerikanischen Senat angenommen hatte. Doch noch wichtiger war für mich die wunderbare Beziehung zu Jack Hayford, der für mich ein Freund und Mentor wurde.

Aber es kam noch etwas hinzu, denn die Erfüllung der Vision von *Love L. A.* – in Verbindung mit dem, was ich auf meiner Argentinienreise gelernt hatte – trug zu einem anderen entscheidenden Element bei, das Pasadena beeinflussen sollte. Ich wurde inspiriert, ein wöchentliches Gebetstreffen für die Pastoren der Stadt zu initiieren. Und aus dieser Gruppe stammten die Pastoren, die später gemeinsam mit mir die ständigen Erneuerungsversammlungen in der Stadt veranstalteten. Ich habe keinen Zweifel daran, dass diese fundamentale Einheit ein wesentliches Sprungbrett für das war, was Gott seither in Pasadena getan hat.

Versöhnung zwischen den Rassen

Die Aufstände von 1992, die durch die brutale Misshandlung von Rodney King ausgelöst wurden, brachten die Pastoren von *Love L. A.* unmittelbar nach den Aufständen zu einem Gebetstreffen in der *Hollywood Presbyterian Church* zusammen.

Die Aufstände richteten verheerende Schäden in Los Angeles an, die sich auf fast eine Milliarde Dollar beliefen. Annähernd die Hälfte dieser Schäden konzentrierten sich auf Korea Town, das koreanische Stadtviertel. Schon lange schwelten die Konflikte zwischen der koreanischen und der afro-amerikanischen Bevölkerung. Neu ankommende Koreaner kauften Geschäfte im südlichen Zentrum der Stadt auf, wo die Preise erschwinglicher waren. Doch statt der örtlichen Bevölkerung etwas zurückzugeben, indem sie Afroamerikaner einstellten,

> Zum ersten Mal sah ich den Mann, den Gott mir 1982 in einer Vision gezeigt hatte. Direkt vor meinen Augen stand der Farbige, den Gott vor vielen Jahren benutzt hatte, um mich nach L. A. zu führen.

beschäftigten die Koreaner Angehörige ihrer eigenen Familien, um Geld zu sparen.

Das Problem verschärfte sich noch durch die Tatsache, dass viele Koreaner Angst vor den Schwarzen hatten und viele Afroamerikaner die Angst und Ablehnung der Koreaner spürten.

Die Spannungen eskalierten, als der Teenager Latasha Harlins bei einem vermeintlichen Diebstahl von einem koreanischen Ladeninhaber erschossen wurde. Der Vorfall war durch Überwachungskameras aufgezeichnet worden, und bald wurde der in Los Angeles ausgebrochene Konflikt zwischen den Afroamerikanern und den Koreanern im ganzen Land bekannt. Aus diesem Grund war es kein Wunder, dass die Koreaner nach der ersten Gerichtsverhandlung über den Fall von Rodney King zur Zielscheibe des Hasses wurden.

Wir Pastoren waren alle wie betäubt, als wir an diesem ersten Dienstag zusammenkamen, um für unsere Stadt zu beten. Ein Pastor nach dem anderen trat an das Mikrofon, um für Rassismus Buße zu tun. Dann ging ein großer Afroamerikaner an das Mikrofon und begann, statt zu beten, über seinen Schmerz zu sprechen.

Sofort fing ich an, unkontrollierbar zu schluchzen. Es war nicht so sehr das, was dieser Pastor zu sagen hatte, sondern die Tatsache, dass ich zum ersten Mal den Mann sah, den Gott mir 1982 in einer Vision gezeigt hatte. Direkt vor meinen Augen stand der Farbige, den Gott vor so vielen Jahren benutzt hatte, um mich nach Los Angeles zu führen.

Jahrelang hatte ich mich gefragt, warum ich durch einen Afroamerikaner an die Westküste der Vereinigten Staaten gerufen worden war, aber nun ergab alles allmählich einen Sinn.

Mir wurde klar, dass eine Rassenversöhnung zwischen den Koreanern und den Farbigen von Los Angeles erst eintreten konnte, nachdem koreanische und schwarze Christen Versöhnung und Einheit erzielt hatten.

Das Gericht beginnt immer »beim Haus Gottes« (1 Petr 4,17). Als koreanischer Christ musste ich alles tun, was in meiner Macht stand, um eine heilende Aussöhnung zwischen den beiden Rassen herbeizuführen.

Bei einer späteren Zusammenkunft mit den Leitern von *Love L. A.* fragte ich Jack Hayford, ob wir die koreanischen und die afro-amerikanischen Pastoren zu einem Versöhnungsessen einladen könnten. Jack und die anderen Leiter sicherten mir ihre volle Unterstützung zu und beauftragten mich mit den Vorbereitungen. Es dauerte fast ein Jahr, bis das Treffen stattfand.

Zunächst nahm ich Kontakt zu einigen führenden koreanischen Pastoren der Stadt auf. Ich hoffte, vor allem Dr. Hee Min Park gewinnen zu können, den Pastor der *Young Nak Presbyterian Church,* der größten koreanischen Kirche nicht nur in Los Angeles, sondern in ganz Amerika. Er erklärte sich bereit zu kommen und lud auch andere führende Koreaner ein.

Bischof Charles Blake würde natürlich nicht nur als

ein Leiter von *Love L. A.* teilnehmen, sondern auch als Repräsentant der größten afrikanischen Kirche von Los Angeles. Auf seine Einladung hin nahmen auch andere führende afro-amerikanische Pastoren teil.

In den Medien wusste niemand von diesem besonderen Mittagessen, aber ich glaube, es war ein historisches Treffen. Etwas Gewaltiges geschah an diesem Tag in Los Angeles, als Charles Blake aufstand und den koreanischen Pastor um Vergebung für die Schäden in Korea Town und das Verhalten der Schwarzen bat. Dann bat Dr. Park die afro-amerikanischen Pastoren um Vergebung für den Rassismus der Koreaner.

Wie bei so vielen Dingen, die wir in unserem Glaubensleben aus Gehorsam tun, kennt nur Gott die volle Bedeutung dieser Begegnung. Ich kann nicht anders als glauben, dass es ein weiterer Schritt zur Erweckung in unserer Stadt war und dass ein solcher Ausdruck der Demut und Einheit an jedem Ort dieser Welt dasselbe bewirken würde.

Erneuerung wird Wirklichkeit ... einige praktische Vorschläge

- Tun Sie Buße für jedes Gefühl der Überlegenheit und für jeden Gedanken, der Sie von anderen trennt.
- Beteiligen Sie sich an etwas, das den Rahmen Ihrer eigenen Gemeinde übersteigt, wie z. B. ein stadtweiter oder landesweiter »Marsch für Jesus« oder stadtweite Gebets- oder Lobpreistreffen.
- Pflegen Sie Beziehungen zu einer Person, die einer anderen Gemeinde bzw. Denomination angehört.
- Pflegen Sie Beziehungen zu Menschen aus anderen Kulturen, Hautfarben und Verhältnissen.

Kapitel 9

Versöhnung

Wie Erweckung bringt auch eine Erneuerung dauerhafte, herrliche Veränderungen in das Leben der Menschen, die sie erfahren. Ich ahnte nicht, dass die wohl größte Veränderung – der Ruf zu ganzheitlicher Heilung und Heiligkeit – durch die Liebe und das Lachen kommen würde, die Gott in dieser Zeit der Erneuerung ausgießt.

Wahrscheinlich sehnen sich alle Christen danach, dem Beispiel Jesu zu folgen und ein heiliges Leben zu führen. Doch dies ist nicht einfach. Es stimmt, dass Heiligung ein Prozess ist – und diese Tatsache sollte uns innerlich freisetzen und uns von der Verdammnis befreien, die unsere Bemühungen sonst unterwandert. Aber ich habe in dieser Erneuerung einige Wahrheiten erkannt und erfahren, die mich dazu befähigt haben, diesem Ziel mit großen Schritten näher zu kommen.

Die größte Offenbarung, die ich empfangen habe, ist, dass Heiligkeit auf Liebe beruht. Wir können nicht heilig sein, ohne zuerst seine Liebe zu empfangen. Und auch das geht zunächst einmal von Gott aus – genau wie unsere Errettung. Er verspricht:

»Ich schenke ihnen ein anderes Herz und schenke ihnen einen neuen Geist. Ich nehme das Herz von Stein aus ihrer Brust und gebe ihnen ein Herz von Fleisch,

damit sie nach meinen Gesetzen leben und auf meine Rechtsvorschriften achten und sie erfüllen« (Ez 11,19–20).

Wir können Gottes Gebote nicht gehorsam erfüllen, wenn nicht zuerst die Steine aus unseren Herzen beseitigt werden und wir mehr von seinem Heiligen Geist empfangen. Diesen erhalten wir zwar bereits, wenn wir zum Glauben an Christus kommen, aber ich glaube, dass es sich auch um eine fortschreitende Erfahrung im Leben des Gläubigen handelt. Indem Gott fortfährt, die Versteinerungen unseres Herzens zu beseitigen und uns seinen Geist zu geben, kommen wir auf dem Weg zur Heiligung voran.

Und es ist unsere Umkehr, durch die Gott das Herz aus Stein beseitigt. Buße und das Empfangen der Vergebung Gottes machen unser Herz weich – denn wem viel vergeben wurde, der liebt auch viel (vgl. Lk 7,47). Die Fähigkeit zur Buße wurzelt aber wiederum in der Liebe und geht ebenfalls zunächst von Gott aus.

In Liebe und Güte offenbart Gott uns unsere Sünden, und wir reagieren aus einem Herzen der Liebe, indem wir Buße tun. Während viele Menschen aus Angst und

> Wahre Heiligkeit und der Sieg über die fehlerhafte menschliche Natur sind erst möglich, wenn es die Liebe ist, die sie motiviert. Denn nur dann ist unsere Hingabe vollständig.

vorgetäuschtem Gehorsam umkehren, gibt es keine größere und bleibende Buße als diejenige, die durch Gottes

Liebe initiiert wurde. Das ist der Grund, warum Paulus in den ersten 11 Kapiteln des Römer-Briefs die Liebe Gottes umfassend darlegt, bevor er uns dann in Römer 12, Vers 1 auffordert: »Angesichts des Erbarmens Gottes ermahne ich euch, meine Brüder, euch selbst als lebendiges und heiliges Opfer darzubringen, das Gott gefällt.«

Wahre Heiligung und der Sieg über die fehlerhafte menschliche Natur sind erst möglich, wenn es die Liebe ist, die sie motiviert. Denn nur dann ist unsere Hingabe vollständig.

Und genau diese Art der Liebe hat die Erneuerung in mein Leben und in das zahlloser anderer Menschen gebracht. In seiner Liebe hat Gott in meinem Leben Fehlverhalten offenbart und dann seinen Geist in einer Weise ausgegossen, die mir half, die eigentliche Wurzel und den Ursprung dieser Sünden zu überwinden. Sünden, die tief verwurzelt waren, sind von mir abgefallen wie Ketten von einem Gefangenen. Nie habe ich mich in meinem Leben so frei gefühlt. Es erscheint mir fast, als würde ich selbst nach 20 Jahren als Christ immer wieder von neuem geboren werden.

Menschen, die diese Erneuerung kritisieren, sagen: »Wo ist die echte Umkehr?« – »Was soll denn das Lachen?« – »Erweckung hat doch nichts mit Lachen, sondern mit Umkehr zu tun.«

Was viele Leute nicht erkennen, ist die Tatsache, dass in dieser Erneuerung mehr wahre Buße geschieht, als die meisten anderen Christen in ihrem Leben mit Jesus je vollziehen. Bei mir war es jedenfalls so. Nichts verändert uns so sehr wie die Liebe Gottes. Die Güte Gottes leitet wahrhaftig zur Umkehr (vgl. Röm 2,4). Sie ist, wie Paulus es in 1. Korinther 12,31 so ermutigend ausdrückt, ein anderer Weg, »der alles übersteigt«.

Bittere Wurzeln

Anfang Oktober 1994 befand ich mich auf meiner ersten Reise nach Toronto. Ich konnte die gespannte Begeisterung regelrecht spüren, als Tausende von Christen nach Toronto flogen, um an der ersten *Catch the Fire*-Konferenz in der *Toronto Christian Fellowship* teilzunehmen.

Lou Engle und ich fieberten schon seit Anfang des Jahres dieser Reise nach Kanada entgegen. Wir hatten bereits vor Monaten gehört, dass der Heilige Geist dort Ungewöhnliches tat. Natürlich waren wir durch die *Vineyard*-Konferenz in Anaheim tief berührt worden, aber wir wussten bald – wie auch andere Christen in aller Welt –, dass Toronto die neue Azusa Street dieser gegenwärtigen Welle des Heiligen Geistes war.

Und tatsächlich strömten bereits Tausende nach Toronto. Lou und ich waren so damit beschäftigt gewesen, eine Gemeinde aufzubauen, dass wir noch keine Gelegenheit gesehen hatten, dieses neue »Mekka« der Erweckung zu besuchen.

Nun waren wir endlich unterwegs. Meine erste Begegnung verlief etwas ernüchternd und entsprach nicht dem Bild, das ich mir in Gedanken von der Ausgießung gemacht hatte. Es war ein Treffen vor dem offiziellen Beginn der Konferenz, und wir saßen dicht gedrängt wie Sardinen in einer Büchse im ursprünglichen Gebäude der Gemeinde, das maximal 500 Personen fasst. Was mir von dieser Begegnung besonders in Erinnerung blieb, ist mein Unbehagen.

Was Gott jedoch in meinem Leben tat, änderte sich auf subtile, aber tief greifende Weise im weiteren Verlauf dieser Konferenz, die im nahegelegenen *Constellation*-Hotel stattfand.

Als Lou und ich eintrafen, wurden wir von mehreren Leuten aus unserer Gemeinde begrüßt, die ebenfalls nach Toronto gekommen waren. Zwei von ihnen, die Koreaner Mike Park und David Kim, schlossen sich mir an, und es gelang uns, möglichst weit vorn Plätze zu finden. Schon dies war bei mehr als 3 000 Menschen ein Wunder.

Ich erinnere mich nicht mehr, wer an diesem Abend sprach; wahrscheinlich war es John Arnott. Ich erinnere mich auch nicht mehr, was gesagt wurde. Aber mir wird immer in Erinnerung bleiben, was während der anschließenden Segnungszeit geschah, denn es sollte mein Leben für immer verändern.

Als der Augenblick kam, an dem die Teilnehmer zum Gebet nach vorn kommen sollten, rannte ich beinahe. Meine Freunde Mike und David waren genauso hungrig. Für diejenigen, die mit der Vorgehensweise in Toronto und Pasadena nicht vertraut sind, sei gesagt, dass auf dem Fußboden klare Linien gezogen wurden, damit die Menschen sich in geordneter Weise versammeln konnten.

Wir drei landeten schließlich ziemlich nahe beieinander in der ersten Reihe. Nachdem ich in Anaheim die spürbare Gegenwart Gottes in einem solchen Maß erfahren hatte und da ich von der Freude und den Manifestationen wusste, die sich von Toronto ausbreiteten, hatte ich nur noch das Ziel: eine regelrechte Explosion im Heiligen Geist zu erfahren. Ich wollte alle Manifestationen und mehr. Die »Dosis«, die ich im Januar bei der *Vineyard*-Konferenz erhalten hatte, war so belebend gewesen, dass ich mehr davon wollte. Außerdem wollte ich genug empfangen, um eine neue Salbung in die *Harvest Rock Church* zurückzubringen.

Als ein Mitglied des Segnungsteams zu mir kam und

zu beten begann, spürte ich die sanfte Gegenwart des Heiligen Geistes und sank auf den Teppich des Versammlungssaals. Ich konnte sowohl Mike als auch David lachen hören, als sie hörbar auf den Boden plumpsten. Ehrlich gestanden war ich neidisch. Ich wollte das Lachen auch, spürte aber fast gar nichts. Als ich dort lag, bat ich den Herrn, mir zu zeigen, was er mir an diesem Abend schenken wollte.

Augenblicklich begann Gott, Bitterkeit in meinem Herzen aufzudecken, die ich einem bestimmten Menschen gegenüber empfand. Die Überführung des Heiligen Geistes traf mich so stark, dass ich über die Sündhaftigkeit meines eigenen Herzens zu weinen begann. Schluchzend und in Buße lag ich dort, während meine Freunde in Lachen und heilige Freude eintauchten.

An diesem Abend begann Gott, mir Verletzungen zu zeigen, die ich unterdrückt hatte; statt sie anzugehen, hatte ich geleugnet, dass sie überhaupt existierten. Und weil diese Verletzungen real waren, hatten sie sich zu den »bitteren Wurzeln« entwickelt, von denen im Hebräer-Brief, Kapitel 12, Vers 15 die Rede ist.

Durch die liebevolle Gegenwart des Heiligen Geistes konnte ich mich nun an diesem Abend dem Schmerz stellen, der zu tief saß, um ihn unter den alltäglichen Anforderungen zuzulassen. Obwohl es schwierig sein würde, ihn bis zur wirklichen Klärung aufzuarbeiten, veränderte mich der Heilige Geist völlig.

In den folgenden Monaten war ich in der Lage, meine Bitterkeit gegenüber diesem Bruder abzustreifen, und als wir uns dann trafen, konnte ich ihn um Vergebung für das Unrecht bitten, das ich ihm zugefügt hatte. Dieser Schritt in die richtige Richtung legte dann das Fundament einer weiteren tieferen Wunde frei, die Gott in meinem Leben heilen wollte.

Bitterkeit gegenüber meinem Vater

Der Grund für meine Verbitterung gegen diesen Bruder war, dass ich mich von ihm abgelehnt fühlte. Ich lernte erkennen, dass diese Empfindlichkeit in Wirklichkeit auf dem Gefühl der Ablehnung beruhte, die ich bei meinem Vater erlebt hatte.

Bevor ich Ihnen erzähle, was geschah, lassen Sie mich einige wichtige Angaben über meinen Vater vorausschicken. Mein Vater, Byung Kook Ahn, ist ebenfalls Pastor und ein großer Mann Gottes. Und das sage nicht nur ich als sein Sohn, sondern es wird immer wieder von Menschen bestätigt, die ihn kennen. Als Pastor genießt er großes Ansehen innerhalb der koreanischen Gemeinde sowohl in Amerika als auch in Korea selbst.

Zweimal wurde er zum Präsidenten seiner Denomination gewählt. Er predigte in einigen der größten Gemeinden Koreas, darunter die *Full Gospel Central Church*, die von Pastor Yonggi Cho geleitet wird. Darüber hinaus leitete er einen Erweckungsgottesdienst in *Kwang Lin,* der größten Methodistengemeinde der Welt, die 70 000 Mitglieder hat und von Pastor Sun Do Kim geleitet wird. Sun Do Kim ist Autor mehrerer Bücher und war der erste koreanische Baptistenpastor in Nordamerika. Wichtiger ist aber, dass er ein Mann mit Charakter ist, dem man die Liebe und Leidenschaft für Jesus abspüren kann.

Ich kann aufrichtig sagen, dass mein Vater einer der freundlichsten, großzügigsten und gütigsten Menschen ist, die ich kenne. Ich habe großen Respekt vor ihm und bin dankbar für alle Opfer, die er als Vater und Pastor für uns gebracht hat. Und ich empfinde tiefe Liebe zu ihm. Heute ist unsere Beziehung besser als je zuvor – aber das war nicht immer so.

1958, als ich zwei Jahre alt war, ließ mein Vater meine Mutter, meine 14-jährige Schwester Chung-Hae und mich in Korea zurück, um eine Pastorenstelle in Washington D. C. anzutreten.

Natürlich hätte mein Vater uns gern mitgenommen, aber wir erhielten keine Visa. So flog er uns allein voraus und vertraute auf ein schnelles Ende dieser schwierigen Trennung. Es sollte jedoch über zwei Jahre dauern, bis wir endlich die Erlaubnis erhielten, zu ihm in die Vereinigten Staaten zu reisen.

In diesen zwei entscheidenden Jahren meines Lebens vermisste ich meinen Vater sehr. Ich erinnere mich noch, wie ich endlich aus dem Flugzeug ausstieg und sehnsüchtig auf den Mann zurannte, der nach Aussage meiner Mutter mein Vater war. Er hob mich auf den Arm, und alles, was ich sagen konnte, war: »Ich weiß, dass du mein Vater bist, aber du siehst nicht so aus wie mein Vater!«

Es ist erstaunlich, an welche Dinge man sich nach so vielen Jahren noch erinnert. Während der zweijährigen Trennungsphase in meiner frühen Kindheit hatte ich kaum Gelegenheit, meinen Vater wirklich kennen zu lernen, und eigentlich hatte ich vergessen, wie er aussah.

Auch in den darauf folgenden Jahren konnte ich, soweit ich mich erinnere, nicht viel Zeit mit ihm verbringen. Er war ein äußerst beschäftigter Pastor, der außerdem als Zahntechniker arbeitete, um seine Familie zu ernähren.

Zwei Vollzeitbeschäftigungen, die pastorale Verantwortung für eine Gemeinde und die Sorge um die eigenen Familie in dem neuen Land bedeuteten eine enorme Belastung für meinen Vater. Was ihn veranlasst hatte, nach Amerika zu kommen, war der Wunsch, ein kriegsgeschütteltes Land zu verlassen und seiner Familie eine gute Zukunft und eine gute Ausbildung zu ermöglichen. Meine Schwester Chung-Hae war eine ausgezeichnete Schülerin; ich dagegen lernte nur langsam und hatte in der Schule Probleme. Wenn ich mittelmäßige Zeugnisse nach Hause brachte, setzte es zur Strafe Schläge, weil ich mich nicht mehr angestrengt hatte.

Es dauerte nicht lange, bis ich einen Groll gegen meinen Vater entwickelte. Ich fühlte mich von ihm abgelehnt und suchte deshalb anderswo nach Anerkennung, die ich dann bei meinen Schulkameraden fand. Ich war beliebt und – soweit ich zurückdenken kann – immer eine Führungsperson. Ich glaube, dass Gott mir diese Veranlagung zur Leiterschaft mit in die Wiege gelegt hat. Doch schon nach kurzer Zeit stiftete ich meine Freunde zu illegalen Dingen und Rebellion an. Es wurde darüber hinaus zur Gewohnheit, dass wir viel Alkohol tranken und Drogen konsumierten.

Ich kann meinem Vater nicht vorwerfen, dass er wütend wurde, denn ich war wirklich rebellisch. Doch leider zog meine Rebellion weitere Schläge nach sich und verstärkten mein Gefühl der Ablehnung und meinen Groll noch.

Nachdem ich zum Glauben an Christus gekommen war, versuchte ich, den größten Teil des Schmerzes aus diesen turbulenten Jahren vor meiner Umkehr aufzuarbeiten. Ich erinnere mich noch, wie ich eine Seelsorge-Konferenz von Bill Gothard am *Basic Institute in Youth Conflicts* besuchte und anschließend meinen Vater und meine Mutter um Vergebung für allen Schmerz bat, den ich ihnen zugefügt hatte. Sie vergaben mir gern, aber nie sprach ich mit meinem Vater über den Schmerz, den *er* mir zugefügt hatte.

Als ich in Toronto mit dem Heiligen Geist erfüllt wurde und auf dem Boden lag, zeigte mir Gott, dass ich in meinem Inneren noch sehr viel Bitterkeit gegenüber meinem Vater hegte. Diese Bitterkeit wurde durch die Verletzungen hervorgerufen, die er mir zugefügt hatte und die ich immer noch mit mir herumschleppte. Ich erkannte, dass ich tatsächlich mit ihm reden musste, hatte aber nicht den Mut, das Thema anzuschneiden. Schließlich bot sich eine passende Gelegenheit, als meine Eltern im November 1996 zur Hochzeit meines Bruders Chae-Woo nach Pasadena flogen.

Meine Maleachi-Erfahrung

An dem Tag, an dem ich mit meinem Vater reden wollte, war ich sehr nervös. Ich wusste nicht, wie ich ihm all die Verletzungen verständlich machen sollte, die ich bereits seit 24 Jahren mit mir herumtrug. Schon allein der Schritt, ihn um ein Gespräch zu bitten, kostete mich viel Kraft. Aber diese Schwierigkeiten zeigten mir nur, wie tief und gravierend diese Verletzungen in meinem Leben waren.

»Dad, kann ich mal unter vier Augen mit dir sprechen?«, fragte ich.

»Aber sicher. Fahr mich doch zum Hotel, dann können wir uns unterwegs unterhalten«, schlug er vor.

Auf der Fahrt zum *Pasadena Hilton* fand ich nicht so recht ins Gespräch. Ich wollte von Angesicht zu Angesicht mit ihm reden und nicht, während ich Auto fuhr. Als wir schließlich auf dem Parkplatz des Hotels ankamen, schaltete ich den Motor ab und begann, ihm mein Herz auszuschütten.

»Dad, ich muss dir etwas mitteilen, das ich nur schwer ausdrücken kann. Aber bevor ich anfange, möchte ich sagen, dass ich dich sehr liebe und achte.«

Ich holte tief Luft und begann: »Aber, Dad, ich bin immer noch verletzt, weil ich mich von dir abgelehnt fühlte, wenn du mich als Kind geschlagen hast. Ich denke,

> Ich gestand, dass ich nicht gerade ein Musterknabe gewesen war, und wir beide lachten herzlich über diese Untertreibung.

dass du mit diesen Strafen zu weit gegangen bist, und als Pastor erkenne ich heute, dass du mich körperlich misshandelt hast.«

Sofort überschattete Traurigkeit seinen Blick. Ich konnte fast zusehen, wie Tränen in seinen Augen hochstiegen. »Nach all den Jahren bist du immer noch verletzt über Dinge, die du als Kind erlebt hast?«, fragte er ungläubig.

»Ja, Dad«, fuhr ich fort. »Dad, du musst mir nicht sofort antworten. Für mich ist es schon heilsam, dass ich mir diese Dinge endlich von der Seele reden kann, die ich schon längst hatte zur Sprache bringen wollen«, schloss ich.

Wir redeten noch ein paar Minuten; mein Vater schilderte mir, wie anstrengend diese Jahre für ihn gewesen waren, als wir versucht hatten, als Immigranten in Amerika zu überleben. Dann bekannte er mir, dass auch er von seiner jähzornigen Mutter körperlich misshandelt worden war. Interessanterweise hatte sein Vater ihn nie geschlagen.

Ich gestand, dass ich nicht gerade ein Musterknabe gewesen war, und wir beide lachten herzlich über diese Untertreibung. Wir umarmten uns und sagten, wie sehr wir einander liebten, bevor er in das Hotel zurückkehrte.

Erleichtert fuhr ich nach Hause, doch es erwarteten mich noch weitere gute Neuigkeiten. Kurz nach meiner Rückkehr rief meine Mutter aus dem Hotel an. Sie war früher in ihr Zimmer gegangen, damit mein Vater und ich im Wagen miteinander reden konnten. Nun weinte sie am Telefon – und zwar meinetwegen.

»Ché, es tut mir so Leid, dass du immer noch über etwas verletzt bist, das vor so langer Zeit geschah«, begann sie.

»Mom, es geht mir jetzt gut. Ich musste Dad einfach mein Herz ausschütten und schon das Reden hat mir geholfen. Jetzt fühle ich mich viel besser«, erwiderte ich.

Dann sagte sie, dass mein Vater mich sprechen wollte, und reichte ihm den Hörer. Das überraschte mich und sofort kam Angst in meinem Herzen auf. Mein erster Gedanke war, dass mein Vater wütend war, weil ich ihn bloßgestellt hatte. Doch was dann geschah, das werde ich mein Leben lang nicht vergessen.

Mein Vater nahm den Hörer und sprach mit einem Mitgefühl, wie ich es nie von ihm gehört hatte oder je erwartet hätte.

»Sohn, was ich dir als Kind angetan habe, das war falsch. Wirst du mir je vergeben?«, forschte er.

Ich war sprachlos. Ich konnte kaum glauben, was ich da hörte. Als ich mich wieder gefasst hatte, versicherte ich ihm, dass ich ihm ganz gewiss vergab.

Dann fügte er hinzu: »Sohn, du weißt, wie stolz ich auf dich bin. Und ich liebe dich sehr.«

Seine Worte überraschten mich so sehr, dass ich nicht wusste, ob ich weinen, lachen oder schreien sollte. »Dad, ich liebe dich auch«, konnte ich nur antworten. Wir verabschiedeten uns und sobald ich den Hörer aufgelegt hatte – das ist kein Märchen –, zwickte ich mich in den Arm, schrie: »Ja!« und tanzte quer durch den Raum.

Mit Worten lässt sich nicht beschreiben, welche Auswirkungen diese Begegnung auf mein Leben hatte. Ein Geist der Ablehnung war für immer in mir gebrochen. Bis auf den heutigen Tag kann ich die Frucht dieser Versöhnung sehen und spüren. Die Bibel sagt, dass Gott die Herzen der Väter wieder den Kindern und die Herzen der Kinder wieder den Vätern zuwenden wird, bevor Christus wiederkehrt (vgl. Mal 3,24). Genau das ist es, was ich erlebt habe und was auch viele andere in dieser Erneuerung durch den Heiligen Geist erfahren. Ich glaube, dass es in der Tat ein Zeichen der endzeitlichen Erweckung ist.

Deshalb beunruhigt es mich so, wenn Menschen diese Erweckung als »lachende Erweckung« kritisieren. Ja, Gott gießt wirklich seine Freude aus; schließlich ist das Königreich Gottes »Gerechtigkeit, Friede und Freude im Heiligen Geist« (Röm 14,17). Meine Erfahrung und Beobachtung ist, dass Gott ein tiefes Werk der Überführung tut, damit wir an die Wurzeln unserer Sünden gelangen und Dinge lösen können, die bisher ungeklärt blieben und viele verunreinigen können, wenn wir sie ungehindert wachsen lassen (vgl. Hebr 12,15; 1 Joh 1,10). Und diese Heilung bringt vielen Menschen enorme Freiheit und Heilung.

Obwohl diese neu gewonnene Freiheit und Versöhnung mit meinem Vater unbeschreiblich wohltuend war, stellte sie nur den Beginn einer fortlaufenden, tiefen Veränderung in meinem persönlichen Leben dar, die später auch die Beziehung zu meiner Frau Sue ändern sollte.

Erneuerung wird Wirklichkeit ... einige praktische Vorschläge

- Lassen Sie sich und Ihre Beziehungen ganz von der Liebe durchdringen, die Gott durch seinen Geist ausgießt. Es ist unmöglich, in einer Beziehung zu ihm zu leben, ohne körperlich, emotional und geistlich verändert zu werden.
- Seien Sie lernbereit und offen, Ihr Innerstes von Gott erforschen zu lassen. Machen Sie sich bewusst, dass wir alle mit Wunden zu Gott kommen, die geheilt werden müssen und die sich unmittelbar auf unsere Beziehungen zu anderen auswirken. Eine der größten Segnungen unseres Glaubens ist die Tatsache, dass wir Christus immer ähnlicher werden und durch ihn von unserer belastenden Vergangenheit frei werden. Geben Sie sich in diesen Prozess hinein.
- Seien Sie authentisch. Seien Sie ehrlich. Bekennen Sie Ihre Fehler; tun Sie Buße für Ihre Bitterkeit gegenüber anderen Menschen und versöhnen Sie sich mit anderen.

Kapitel 10

Erweckung des Herzens

Unsere Ehe ruhte auf einem schwachen Fundament und ich ahnte es nicht einmal. Meine Frau wusste es, während ich in einer Täuschung lebte. Wie es für viele Ehemänner typisch ist, so war auch meine Wahrnehmung unserer Ehe meilenweit von der Wirklichkeit entfernt.

Äußerlich machte ich alles richtig

Ich ging davon aus, dass wir eine gute Ehe führten, weil ich äußerlich alles für unsere Beziehung tat. Jedes Jahr setzte ich mir bestimmte Ziele für meine Beziehung zu Sue, und meistens gelang es mir auch, diese Ziele zu erfüllen. Wir hatten jede Woche einen Abend nur für uns. Ich brachte ihr Blumen mit. Ich versuchte, mir jede Woche irgendetwas Besonderes einfallen zu lassen. Ich half beim Geschirrspülen und übernahm verschiedene Aufgaben im Haushalt.

Wir planten Familientage mit den Kindern ein und hielten regelmäßig gemeinsame Andachten. Wir nahmen sogar mit anderen Pastorenehepaaren an einem monatlichen Ehegesprächskreis teil, in dem wir einander mitteilten, wie es um unsere Ehe stand. Einmal im Jahr machten wir eine Freizeit für Ehepaare mit. Ich sorgte gut für meine Familie und kaufte Sue hübsche Sachen. Außerdem war ich Christ und Pastor. Äußerlich war unsere Ehe scheinbar perfekt.

Ich wäre auch nie auf die Idee gekommen, Sue zu betrügen. Nie ging ich mit Freunden »einen trinken«. Nie hätte ich sie geschlagen. Aber noch wichtiger war, dass ich meine Frau sehr liebte.

Da ich diese Liebe spürte und äußerlich alles »richtig« machte, war ich der Meinung, dass wir eine großartige Ehe führten. Aber ich war als leistungsorientierter Mensch erzogen worden – als jemand, dessen persönliche Anerkennung und dessen Selbstwertgefühl auf der eigenen Leistung beruht. Deshalb setzte ich das »Tun« mit dem »Sein« gleich und gab mich mit unserem Eheszenario zufrieden.

Leistungsorientiert

Trotzdem fehlte es unserer Ehe an einigen entscheidenden Dingen. Gott sagt, dass der Mensch auf das Äußere schaut, während Gott das Herz sieht (vgl. 1 Sam 16,7). Es kann also sein, dass wir äußerlich zwar alles richtig machen, innerlich aber völlig selbstsüchtig sind. So verhielt ich mich jedenfalls in unserer Ehe. Weil ich Sue nicht *von Herzen* liebte, sondern meine Liebe auf Leistungen basierte, entsprach unsere Beziehung nur äußerlich den Anforderungen einer Ehe nach Gottes Maßstäben, jedoch fehlte uns die innige Vertrautheit und der Tiefgang, die eine erfolgreiche Ehe ausmachen.

Es war auch nicht gerade förderlich, dass ich viele Jahre lang einer Gemeinde und charismatischen Bewegung angehörte, die ebenfalls leistungsorientiert war. Damit möchte ich keinen Schatten auf irgendeine Bewegung oder Gemeinde werfen. Ich danke Gott für Menschen, die bereit sind, durch ihr beständiges, entschlossenes und opferbereites Handeln beim Bau von Gottes Königreich zu helfen. Aber ich glaube, dass die meisten Gemeinden in die gefährliche Falle einer Leistungsorientierung geraten sind, die das innere Wachstum ihrer Gläubigen ernsthaft behindern kann.

In einer solchen Umgebung wird es besonders für Pastoren schwer, im Ehe- und Familienleben »echt« zu sein. Sie stehen unter dem enormen Druck, ein »Vorbild« sein und ein ebenso »vorbildliches« Familienleben führen zu müssen. Schließlich muss ein Ältester ja »ein guter Familienvater sein« (1 Tim 3,4). Da bleibt kaum Spielraum für individuelle Abweichungen, und man ist dem prüfenden Blick der Öffentlichkeit so massiv ausgesetzt, dass es für Pastoren leicht zum Lebensstil wird, sich auf äußere Leistungen zu konzentrieren.

Eine derartige Haltung hat Auswirkungen auf jedes Mitglied einer Familie. Geschichten häufen sich über Pastorenkinder, die vom Glauben abfallen, weil ihr inneres Bedürfnis nicht gestillt wird, um ihrer selbst willen anerkannt und geliebt zu werden – unabhängig davon, was sie leisten oder wer ihre Eltern sind.

Wenn wir in unseren monatlichen Treffen mit den anderen Pastorenehepaaren damit begannen, unsere Ehen anhand einer Skala von 1 bis 10 zu bewerten, stufte ich meine Ehe kontinuierlich zwischen 7 und 8 ein. Sue nickte schweigend oder äußerte sich zustimmend. Als Ehefrau eines leitenden Pastors und als Ehefrau eines Asiaten fühlte sie sich unter Druck, mich nicht in ein negatives Licht stellen zu dürfen.

Wahrscheinlich sagte Sue aus falsch verstandener Loyalität und Unterordnung immer das, was von ihr erwartet wurde. Vielleicht hatte sie auch Angst, dass ich später wütend reagieren könnte. Sie versuchte, meine monatliche Einstufung als ein »positives Bekenntnis« zu

> Wie eine herrliche Rose, die von Tag zu Tag welkt, ertrug meine Frau mich so lange, bis auch das letzte Blütenblatt gefallen und sie völlig verzweifelt war.

betrachten, das eines Tages Wirklichkeit werden würde. Doch während meine Frau äußerlich die Fassade wahrte, verkümmerte sie innerlich. Wie eine herrliche Rose, die von Tag zu Tag welkt, ertrug Sue mich so lange, bis auch das letzte Blütenblatt abgefallen und sie völlig verzweifelt war.

Emotionaler Zusammenbruch?

Es war ein Sommer, den ich nie vergessen werde. Wir wollten gerade zu unserer jährlichen Gemeinde-Familienfreizeit in Flagstaff, Arizona, aufbrechen. Ich erinnere mich nicht mehr, was den Streit eigentlich auslöste; jedenfalls dauerte es nicht lange, bis in unserer Küche die Hölle los war. Nie hatte ich Sue so wütend gesehen.

»Ich halte das nicht mehr aus. So kann ich einfach nicht mehr weiterleben! Die Art, wie du mich, die Kinder und andere Leute behandelst, ist falsch! Du liebst mich nicht. Du bist ein Heuchler! Hör doch auf, alles auf deine cholerische Veranlagung und deine koreanische Kultur zu schieben! Es reicht!« Wütend und tief verletzt brachen die Worte aus ihr hervor. Ich dachte schon, sie würde mich jeden Augenblick schlagen oder mir die Augen auskratzen.

Sofort schlug ich zurück und sagte: »Du nennst mich einen Heuchler? Schau dich doch selbst an. Du nennst dich Christ und versprühst Gift. Ich spüre da nichts als Bitterkeit und einen widerspenstigen Geist wie bei Isebel. Der Heuchler von uns beiden bist du!«

Jetzt war Sue völlig außer sich. Meine religiöse und gesetzliche Antwort stürzte sie in noch größere Verzweiflung. In Tränen aufgelöst, fuhr sie fort: »Ich habe genug von deiner richtenden und verurteilenden Haltung. Du hältst dich für besonders heilig, weil du die Bibel zitieren kannst, aber ich habe es satt, dass du mich ständig mit der Bibel verurteilst. Du bist schlimmer als die Pharisäer. Ich halte das einfach nicht mehr aus. Ich bin am Ende, verwirrt und ohne Hoffnung. Ich stehe kurz vor einem Nervenzusammenbruch.«

Völlig ungerührt über ihre Tränen warf ich ihr emotionale Manipulation vor. In meinem Zorn ließ ich sie wissen, wie ich mich fühlte. »Willst du mich damit manipulieren? Warum wirst du nicht endlich erwachsen und tust Buße dafür? Du betrübst den Heiligen Geist und die Bitterkeit in dir schadet der ganzen Gemeinde!«

Die Tränen strömten ihr übers Gesicht. Sue murmelte nur noch: »Ich ertrage das einfach nicht mehr. Du hast mich all die Jahre so verletzt und die Kinder haben Angst vor dir. Du kannst mit den Kindern allein zur Konferenz gehen; ich bin jetzt nicht in der Lage dazu. Ich brauche psychologische Hilfe oder Seelsorge oder was auch immer, denn ich bin mit meiner Weisheit am Ende!«

Frustriert und erschöpft gab sie auf und rannte schluchzend ins Schlafzimmer. Eine Mischung von Beunruhigung und Zorn erfüllte mich.

Wie alle Ehepaare hatten auch wir unsere Konflikte, aber nie eine Szene wie diese. Es war das erste Mal, dass Sue so aus sich herausging. Wie konnte sie es wagen, mir die Schuld für ihre Emotionalität zuzuschieben! Schließlich war sie doch diejenige, die voller Bitterkeit steckte. Ich redete mir ein, dass sie sich bestimmt nicht so elend fühlen würde, wenn sie nur bereit wäre, Buße zu tun, statt an ihren Verletzungen festzuhalten. Sie musste nur zur Vernunft kommen und aufhören, durch solche schlimmen Gefühlsausbrüche zu sündigen.

Außerdem: Wie konnte ich allein zu unserer Gemeinde-Familienfreizeit fahren? Die Leute würden fragen, wo Sue geblieben war. Was sollte ich antworten? »Sie konnte nicht kommen, weil sie gerade einen Nervenzusammenbruch hat, aber sie lässt euch alle schön grüßen.« Wie konnte meine Frau es wagen, mich in eine solche Situation zu bringen! Wie stand ich denn als Ehemann und Leiter vor den anderen da! Ich war außer mir.

Alle Überredungsversuche schlugen fehl; Sue weigerte sich mitzukommen. Als ich sie um Vergebung bat, erwiderte sie: »Nur die richtigen Worte über die Lippen zu bringen bedeutet gar nichts. Dein Herz hat sich nicht verändert und ich glaube dir nicht mehr.«

Ich konterte mit der Bibel und sagte: »Wir sollen ›siebenundsiebzigmal‹ vergeben« (Mt 18,22), worauf sie sich nur noch mehr verschloss. Meine Kommentare waren nicht nur unangemessen und fehl am Platz, sondern auch ein klares Beispiel dafür, wie unsensibel ich Sue gegenüber in all den Jahren gewesen war.

Der Entschluss

Ich brach zur Gemeindefreizeit auf und nahm unsere beiden ältesten Kinder, Gabriel und Grace, mit. Unsere beiden jüngsten, Joy und Mary, blieben mit Sue zu Hause. Ich wusste, dass ich den anderen eine Erklärung geben musste, warum ich nicht mit der gesamten Familie gekommen war. Ich erwähnte, dass Joy krank war (eine Tatsache) und dass Sue bei ihr geblieben war, aber ich wusste, dass ich den anderen Leitern den wahren Grund nennen musste, warum meine Frau nicht mitgekommen war.

Ich bekannte den beiden führenden Leitern unserer Gemeindebewegung unser Ehedesaster. Ich schilderte ihnen den ganzen Vorfall so genau wie möglich. Sie waren einer Meinung, dass ich die Sache mit Sue völlig vermasselt hatte; aber auch sie hatte falsch gehandelt, als sie ihrer Bitterkeit freien Lauf ließ – genau, wie ich es ihr gesagt hatte.

Diese Männer liebten mich und waren entschlossen, mir zu helfen, so gut sie nur konnten. Und so flog einer der beiden am Ende der Konferenz mit seiner Frau nach Los Angeles. Dieses Ehepaar verbrachte einige Zeit mit Sue und mir, um uns bei der Aufarbeitung unserer Eheprobleme zu helfen. Sie kamen nicht nur als unsere Freunde, sondern auch als unsere Pastoren. Das Problem war gravierend genug, diese besondere Reise zu rechtfertigen.

Eine vorübergehende Schlichtung

Doch selbst die besten Ratschläge, die sie aufbieten konnten, schienen nicht zum Kern oder zur Wurzel unserer Probleme vorzudringen. Wir wurden aufgefordert, Buße für unsere Verfehlungen zu tun, und glaubten, wir hätten dieser Aufforderung Folge geleistet, als wir unsere Fehler und Schwächen aufrichtig bekannten.

Irgendwie spürte ich aber, dass die eigentlichen Fragen noch nicht aufgedeckt worden waren. Wir taten äußerlich das Richtige, aber nichts schien sich zu ändern. Rückblickend weiß ich, dass wir wie Süchtige waren, die sich zum Entzug gezwungen sahen. Wir sprachen die richtigen Worte aus, aber innerlich gab es keine bleibende Veränderung.

Die Wahrheit ist, dass keiner von uns vieren damals über die nötigen »Werkzeuge« verfügte, um anders an die Sache heranzugehen oder zu erkennen, was für eine echte, bleibende Umgestaltung wirklich nötig war.

Seitdem habe ich gelernt, dass jede Veränderung oder scheinbare »Buße« bestenfalls vorübergehend ist, solange wir nicht die Wurzeln in unserem Leben aufdecken. Es ist wie beim Unkrautjäten: Wenn man den Löwenzahn nur abschneidet, ohne ihn mit den Wurzeln herauszureißen, wächst das Unkraut sofort wieder nach. Wenn wir nicht die Wurzeln (die Ursache) beseitigen, setzt der zerstörerische Prozess erneut ein und verletzt Gott, uns selbst und andere.

Doch für den Augenblick sah die Lage gut aus und die Probleme schienen gelöst. Also flogen unsere Freunde nach Hause und unser Leben kehrte zur Normalität zurück – dachte ich jedenfalls. An jenem Sonntag teilte ich der Gemeinde in groben Zügen mit, dass wir eine Ehekrise erlebt und unsere Freunde uns geholfen hatten. Wir baten die Gemeinde um Vergebung, dass wir sie enttäuscht hatten. Wir berichteten, dass wir Buße getan und uns geändert hatten und dass die Dinge nun anders laufen würden. Es wäre besser gewesen zu sagen, dass wir *hofften,* die Dinge würden nun anders laufen. Die Tatsache aber war, dass sich gar nichts geändert hatte. Wir brauchten dringender als je zuvor Hilfe.

Harte Liebe

Unsere Ehe dümpelte weiter vor sich hin. Zwar hatte ich mir neue Ziele gesteckt, um unsere Beziehung zu verbessern, aber an den Früchten änderte sich nichts. Ich führte weiter ein widersprüchliches und heuchlerisches Leben mit Sue – geprägt von den Früchten ungesunder Kritik, falscher Urteile und, wie ich später entdecken sollte, emotionalen und geistlichen Missbrauchs.

Meine äußeren Ziele erfüllte ich gut, doch meiner Frau gegenüber verhielt ich mich weiter fordernd und emotional distanziert. Meine Anklagen und meine Grobheit verschwanden nicht. Was Sue vermutlich am meisten verletzte, war die Tatsache, dass ich ihre Liebe auf Distanz hielt und mir selbst keine emotionale Nähe und Verletzbarkeit ihr gegenüber gestattete.

Ein deutliches Beispiel waren die Probleme, die ich 1993 in meinem Dienst erlebte. Zu Recht wollte meine Frau diese Last mit mir tragen, aber ich ließ sie nicht an mich heran. Vor Jahren hörte ich einmal, wie ein Pastor Männer mit Inseln verglich, während ihre Frauen in Ruderbooten sitzen und einen Landeplatz zu finden versuchen. Ich war nicht nur eine Insel, sondern hatte regelrechte Festungswälle errichtet, in denen nicht die kleinste Öffnung Zutritt gewährte!

Ich zog mich einfach in meine eigene Welt zurück, sah ungewöhnlich viel fern und tauschte nur die nötigsten Informationen aus. Sue versuchte weiter, zu mir durchzudringen und ihrer Liebe und Sorge Ausdruck zu geben. Doch jedes Mal wies ich ihre Liebe ab, bis schließlich ein Teil von ihr innerlich starb.

Der letzte Tropfen

Im August 1994 spitzte sich unsere Lage erneut zu.

Was unsere Gemeinde betraf, hätten die Dinge gar nicht besser laufen können. Wir erlebten gerade die Anfänge der Erneuerung und unsere Gemeinde wuchs. Wir hatten eine erfolgreiche Evangelisation mit Roger und Faith Forster abgeschlossen, die zu den Leitern der *Ichthys Christian Fellowship* in England gehören und Mitgründer des *International March for Jesus* sind. Die beiden waren mit einem Team Jugendlicher nach Los Angeles gekommen, um uns bei der Evangelisation und der Organisation einer Konferenz zu unterstützen. Während ihres Besuchs hatten Sue und ich jedoch unseren zweiten größeren Ehestreit.

Eines Abends gegen Ende der Konferenz fuhr ich mit Roger und Faith nach Hause, die in dieser Zeit bei uns wohnten. Es war schon spät und wir alle waren müde. Sue hatte die Veranstaltung früher verlassen, um uns etwas Leckeres zu kochen. Mit freudiger Erwartung begrüßte sie uns und bat uns zu Tisch. Ich lehnte ihre Einladung ab, weil ich mich zu erschöpft fühlte.

Meine Müdigkeit konnte sie zwar verstehen, aber für die Art und Weise, wie ich ihr antwortete, hatte sie kein Verständnis. Statt ihr zu danken, ihre Bemühungen anzuerkennen oder mich wenigstens für meine Müdigkeit zu entschuldigen, bellte ich nur kurz: »Ich bin müde, ich will nicht.« Und mit dieser Bemerkung stapfte ich ins Schlafzimmer. Das war der Tropfen, der das Fass zum Überlaufen brachte. An diesem Abend zerbrach etwas in ihr.

Wäre diese Situation ein Einzelfall gewesen, hätte Sue vielleicht verletzt, aber nicht verzweifelt reagiert. In diesem Augenblick gipfelten jedoch 15 Jahre Ablehnung. Meine Frau reagierte so, wie ich es wahrscheinlich schon viel früher verdient hätte. Sie zog sich emotional von mir zurück – zum Teil, weil innerlich etwas in ihr gestorben war, und zum Teil, um sich selbst zu schützen. Auf ihre eigene Weise zeigte sie mir »harte Liebe«.

Selbsterhaltung

»Harte Liebe« ist ein Ausdruck, der durch das Buch *Love must be tough* von Dr. James Dobson bekannt wurde. Dieser legt im Wesentlichen dar, dass ein Mensch, der von seinem Ehepartner durch Ehebruch betrogen oder körperlich bzw. emotional misshandelt wird, »harte Liebe« zeigen muss, indem er sich von seinem Ehepartner trennt. Das Ziel dieser Trennung besteht darin, den Ehepartner durch den Schock in die Realität zurückzuholen, um ihn hoffentlich zur Umkehr und zu einer wirklichen Änderung zu bewegen. Oft beruht dieser Schritt allerdings nicht auf einer bewussten Entscheidung, sondern auf einer natürlichen Reaktion der Selbsterhaltung.

Zwar hatte ich weder Ehebruch begangen noch Sue körperlich misshandelt, aber ich hatte sie 15 Jahre lang einem emotionalen und geistlichen Missbrauch ausgesetzt, der nun seinen Tribut forderte. Sie trennte sich zwar nicht räumlich von mir, aber emotional.

Das Erstaunliche war, dass sie nicht mehr so wütend wurde wie bei unserer ersten Krise. In mancher Hinsicht wäre es leichter gewesen, wenn sie es getan hätte. Sie weinte nicht. Sie wurde nicht gemein. Eigentlich erfüllte sie weiter pflichtbewusst und treu ihre Aufgaben als Ehefrau. Aber sie reagierte in einer Weise, die wesentlich schmerzhafter war. Nachdem sie mir jahrelang ihr Herz ausgeschüttet, mit mir gelacht und Zärtlichkeiten ausgetauscht hatte, löste sie sich nun emotional völlig von mir. Es war, als sei sie emotional tot.

Am nächsten Tag brauchte man keinen Röntgenblick und keine prophetische Offenbarung, um ihre Kühle zu bemerken. Als ich Sue morgens begrüßte, hatte ich das Gefühl, einem Kühlschrank zu begegnen. Da die Forsters noch bei uns wohnten, waren wir leider zu beschäftigt, um miteinander zu reden.

Als wir schließlich eine Gelegenheit hatten, über die Sache zu sprechen, meinte Sue, sie habe es satt, verletzt zu werden. Sie hatte das Gefühl, sich schützen zu müssen, um nicht wieder einen Zusammenbruch zu erleiden. Sie erklärte, dass sie sich nicht mehr emotional verletzbar machen würde und dass wir eine professionelle Eheberatung brauchten.

Als der brillante Ehemann, für den ich mich hielt, hatte ich nicht die geringste Ahnung, wovon sie eigentlich sprach. Ich konnte einfach nicht glauben, dass sie so reagierte, nur weil ich ihr Abendessen abgelehnt hatte. Natürlich erkannte ich nicht, dass dieser Zwischenfall nur die Spitze des Eisbergs gewesen war. Das eigentliche Problem waren die vielen Jahre der Ablehnung.

Ich betrachtete die Sache logisch und fühlte mich im Recht mit meinem Urteil, dass Sue überreagiert hatte und irrational handelte. Da ich alles intellektuell beurteilte und die Dinge nicht mit meinem Herzen wahrnahm, zeigte ich kein Mitgefühl. Ich predigte Sue an und bezeichnete ihren emotionalen Rückzug als Verletzung unseres Eheversprechens und als unverzeihliche Sünde. Ich wurde wütend und ließ es sie auch spüren.

Meine pharisäischen und gesetzlichen Gesinnungsgenossen wären auf meinen vorwurfsvollen und verurteilenden Vortrag stolz gewesen.

Die Zeit verging und unsere Ehe ließ mich immer mehr verzweifeln. Sue erfüllte äußerlich zwar alle Pflichten einer Ehefrau, tat es allerdings ohne jede Emotion.

Eine »schlechte« Phase in unserer Ehe

In den folgenden Monaten durchlief ich eine ganze Palette emotionaler Reaktionen. Zuerst war ich außerordentlich wütend und sagte es Sue auch. Aber sie weigerte sich, mit mir zu diskutieren, und drohte, den Raum zu verlassen, falls ich sie wieder verurteilte oder beschuldigte. Dann versuchte ich, sie zurückzugewinnen, indem ich liebevolle Dinge sagte und ihr Geschenke mitbrachte. Ohne Erfolg! Die »alte Masche« funktionierte einfach nicht mehr. Es fiel mir schwer zu akzeptieren, dass unsere gegenseitige Achtung und unser Vertrauen so drastisch gesunken waren, dass es am Fundament unserer Ehe nagte.

Da die gewünschten Ergebnisse ausblieben, beschloss ich, nun ebenfalls emotionale Distanz zu praktizieren. *Das Spielchen können wir auch beide spielen,* dachte ich mir. In meiner Blindheit hatte ich noch immer nicht begriffen, dass dies kein Spiel war, sondern schreckliche Realität. Ich war überzeugt, dass unser Problem zum größten Teil ihre Schuld war. Es war ja auch viel leichter, die Kontrolle zu behalten und Sue Vorwürfe wegen ihrer Bitterkeit zu machen, als mich dem wahren Zustand meines Ichs zu stellen und dem Schmerz, den ich möglicherweise mit mir herumtrug oder verursachte.

Als sämtliche Ideen und Unternehmungen nichts an der Situation änderten, zog ich den Schluss, dass es sich eben um eine »schlechte« Phase in unserer Ehe handelte, die schon irgendwann vorübergehen würde. Die Zeit würde alles heilen. Auf den Winter folgte immer der Frühling. Dies war nun einmal ein schlimmer Winter, aber er würde bald vorbei sein. Ich ahnte nicht, dass dieser »Winter« mehr als zwei Jahre dauern sollte.

Oft erklärte ich in unserer Gemeinde, die Erneuerung sei die »beste und schwierigste Zeit zugleich«. Nie führte ich dabei näher aus, warum es in meinem Leben eine so schwierige Zeit war. Die anderen Pastoren der *Harvest Rock Church* wussten natürlich Bescheid. Unsere Gemeinde setzte sich aus einer ungewöhnlichen Mischung vieler verschiedener Gemeinschaften zusammen, und Sue und ich hatten darauf geachtet, jedem der Pastorenehepaare mitzuteilen, was in unserer Ehe los war. Wir wollten vom ersten Tag der *Harvest Rock Church* an ehrlich sein.

Es machte uns Mut, dass jedes der Pastorenehepaare an uns glaubte. Sie alle zeigten uns, dass sie Sue und mich auch weiter liebten und annahmen, ohne zu richten oder uns zu verurteilen, und ich weiß, dass dies ein wesentlicher Beitrag in unserem Heilungsprozess war.

Außerdem halfen die Pastorenehepaare uns auch praktisch – durch Seelsorge, Korrektur, Prophetien und Gebet. Doch zu ihrer und unserer eigenen Enttäuschung kam es zu keiner wesentlichen oder dauerhaften Veränderung. Oft bat ich Sue, mir zu vergeben, doch sie war entschlossen, sich nicht mehr verletzbar zu machen, bis sie eine aufrichtige Liebe spürte, in der gegenseitige Achtung und Vertrauen wieder wachsen konnten.

Eheberatung

Widerstrebend, doch in gegenseitigem Einverständnis, suchten wir schließlich einen professionellen Eheberater auf. In der Vergangenheit hatte ich auf professionelle Seelsorge und christliche Psychologie immer herabgeschaut, weil ich sie für allzu säkular hielt. Schließlich waren wir eine neue Schöpfung in Christus und das Alte war völlig vergangen – aus und vorbei! Für jedes emotionale oder psychologische Problem, das dennoch auftreten mochte, gab es eine direkte Antwort im Wort Gottes. Es wäre mir nie in den Sinn gekommen, dass ich je die Hilfe eines kompetenten Spezialisten brauchen könnte, um die Wahrheit der Bibel in diesen Bereichen auszulegen und anzuwenden (vgl. Spr 20,5)!

Die Erneuerung half mir, eine andere Perspektive zu bekommen – und auch meine eigene Verzweiflung verhalf mir dazu. Allmählich legte ich meine richtende, intolerante Einstellung ab und wurde dankbar, dass es christliche Seelsorge gab!

Ich begann, mich auf die Zeiten mit unserem Eheberater zu freuen. Es war offenbar die einzige Möglichkeit für Sue und mich, in einer geschützten Umgebung

> Die Wahrheit kann tatsächlich verletzen, aber immer setzt sie uns frei. Dies ist an sich schon eine Definition wahrer Liebe.

und in Anwesenheit eines unparteiischen christlichen Vermittlers ehrlich miteinander zu sprechen.

Über viele Jahre hinweg angestaute, ungeklärte Fragen aus unserer beider Kindheit traten zutage und allmählich wurde der rote Faden sichtbar, der unsere Vergangenheit mit unserem derzeitigen Ehedilemma verknüpfte. Masken und Schutzmechanismen, die wir hinter einer frommen Terminologie versteckt hatten, begannen sich aufzulösen.

Unser Eheberater hat viel Wertvolles in unser Leben investiert, wofür wir ihm immer dankbar sein werden – darunter vor allem die Wiederherstellung unserer persönlichen und gegenseitigen Identität, unseres Selbstwertgefühls und der Achtung zueinander.

Sue und ich werden dieses »Standbein« auf unserem Weg zur Heilung immer zu schätzen wissen. Und doch muss ich sagen, dass damit nicht auf einen dramatischen Schlag hin alles »bereinigt« war, wie ich es erhofft hatte. Irgendetwas ganz Wesentliches fehlte noch immer in meiner Umgestaltung, und ich wusste nicht, worin dieses fehlende Verbindungsstück bestand.

Sue setzte ihre »harte Liebe« fort, was in meinem Fall funktionierte, weil ich endlich der Tatsache ins Auge sehen musste, das sich noch immer etwas sehr Grundlegendes ändern musste. Heute erkenne ich in ihrem Handeln Gottes strenge, barmherzige Liebe. Die Wahrheit kann tatsächlich verletzen, aber immer setzt sie uns frei. Dies ist an sich schon eine Definition wahrer Liebe.

Schlechte Wurzeln, schlechte Früchte

Die Erneuerung hat tiefe Auswirkungen auf mein Leben und dann auch auf unsere Ehe gehabt. Meiner Meinung nach ist ihre kostbarste Frucht die Erneuerung von innen nach außen – ein Prozess, der sich auch weiter fortsetzt. Indem ich die Liebe des Vaters zu mir erkannte und für mich in Anspruch nahm, entwickelte ich allmählich genug Geborgenheit, um meine Sünden und Fehler ehrlich einzugestehen.

Jahrelang hatte ich unbewusst eine Fassade errichtet: Äußerlich hatte ich scheinbar alles »im Griff«, aber hinter dieser Fassade war ich verletzt und ängstlich. Den größten Teil meines Lebens als Christ hatte ich an einem verwundeten Herzen gelitten und brauchte dringend innere Heilung, ohne es jedoch zu wissen.

Sie können mir glauben: Ich war aufrichtig, wenn ich meine Fehler vor anderen bekannte, die uns in unserer Ehe seelsorgerlich begleiteten. Auch in meinen Bekenntnissen an Sue war ich immer so aufrichtig, wie ich es damals nur sein konnte; aber ich hatte mich nie wirklich verändert. Ich hatte nicht wahrhaft Buße getan, keine echte »Umkehr« vollzogen.

Die Offenbarung kam erst, als die Erneuerung durch den Heiligen Geist mich erfasste. Ich begann zu erkennen, dass der Mangel an bleibender Frucht in meinem Leben auf Probleme in meiner Kindheit zurückzuführen war, die sich zu Wurzeln der Sünde entwickelt hatten. Keine bleibende Veränderung konnte eintreten, solange diese Wurzeln nicht ausgegraben wurden.

Unzählige Male hatte ich in meinen Schuldbekenntnissen den Löwenzahn nur an der Oberfläche gekappt und war dann entmutigt, wenn das Unkraut schon bald wieder wucherte, da die Wurzel nicht beseitigt worden war. Dieses neue Verständnis, dass es auf die »Wurzeln« oder den Ursprung meiner Einstellungen und Reaktionen ankommt, war ein Geschenk Gottes. Es begann an jenem Abend in Toronto, als ich zur Erneuerung nach vorn ging und Gott mir die bitteren Wurzeln aufzeigte, die ich gegen meinen Vater entwickelt hatte.

Heilung und Versöhnung

Ein weiterer entscheidender Wandel trat ein, als Gott mir zeigte, dass ich meinen Vater um Vergebung bitten sollte, als dieser mich im Herbst 1996 besuchte. Ich ahnte damals nicht, wie sehr dieser Schritt sich auf meine Beziehung zu Sue auswirken würde und wie stark diese Sünde gegen meinen Vater das Säen und Ernten im Umgang zu ihr beeinflusste.

Doch in den ewigen Gesetzen Gottes hatte dieser Akt des Ungehorsams ernste und weit reichende Folgen. So wie er jeden Teil unseres Körpers und des Leibes Christi dazu geschaffen hat, wechselseitig miteinander verbunden zu sein, so zog die Veränderung in einem Bereich meines Lebens greifbare Veränderungen in vielen anderen Bereichen nach sich.

> Wenn wir in einer engen Beziehung emotional verwundet wurden, vollzieht sich die beste Heilung dieser Verletzung oft durch die Versöhnung genau dieser Beziehung.

Als mein Vater mich damals um Vergebung für sein falsches Verhalten bat, bedeutete das enorme innere Heilung für mich. Aber es geschah noch etwas weit Größeres: Ich war bis dahin eine Art Gefangener gewesen, als mein Vater aber durch Buße und Vergebung Segen über mich aussprach, wurde ich befreit.

Als wäre eine Schleuse geöffnet worden, konnte ich daraufhin als Ehemann – dem Gott schützende geistliche Verantwortung für seine Frau gegeben hat – augenblicklich den Segen der Liebe und Annahme für Sue freisetzen und so auch die Anklage und Ablehnung ausräumen, die ich in ihr Leben gebracht hatte.

Gott lässt sich nie übers Ohr hauen. Sein Wort sagt: »Du wirst ernten, was du gesät hast« (Gal 6,7). Die ewigen Gesetze Gottes existieren, ob wir an sie glauben oder nicht. Es ist wie beim Gesetz der Schwerkraft: Wer von einem Gebäude springt, wird nicht fliegen, sondern hinunterstürzen.

Da ich meinen Vater und meine Mutter wegen der Ablehnung verurteilt hatte, mit der sie mir begegnet waren, hatte ich genau das geerntet, was ich gesät hatte. Die Bibel warnt uns: »Richtet nicht, damit ihr nicht gerichtet werdet! Denn wie ihr richtet, so werdet ihr gerichtet werden, und mit dem Maß, mit dem ihr messt und zuteilt, wird euch zugeteilt werden« (Mt 7,1–2).

Indem ich meine Eltern richtete, weil sie mich abgelehnt hatten, erntete ich dasselbe Gericht und begegnete meiner Frau ebenfalls mit Ablehnung. Ich hatte mich zwar niemals körperlich an Sue vergriffen, aber ich hatte durch emotionale und geistliche Misshandlung dieselben bitteren Früchte gebracht. Besonders tragisch war, dass ich ihr genau diejenige innige Vertrautheit und emotionale Verletzbarkeit vorenthielt, nach der ich mich als Kind so gesehnt hatte, und dass ich ihre Liebe immer wieder abgewiesen hatte.

Doch durch das entscheidende Gespräch mit meinem Vater wurde ein Prozess in Gang gesetzt, der die wirklichen Wurzeln beseitigte und mein Leben grundlegend veränderte. Als er mich um Vergebung bat, verschwand die bittere Wurzel meiner richtenden Haltung zu meinem Vater. Der zerstörerische Kreislauf unbereinigter Sünde in meinem Leben wurde systematisch abgebaut.

Ich lernte ein unschätzbares Prinzip: Wenn wir in einer engen Beziehung emotional verwundet werden, vollzieht sich die beste Heilung dieser Verletzung oft durch die Versöhnung genau dieser Beziehung. Ich wurde nicht nur mit meinem Vater versöhnt, sondern die Heilung wirkte sich – wie es so oft zu beobachten ist – auch auf die Beziehung zu meiner Frau, meinen Kindern und in wachsendem Maß zu vielen anderen Personen in meinem Leben aus. In Beziehungen werden wir verwundet und in Beziehungen werden wir geheilt werden.

Rückblickend erfüllt es mich mit Ehrfurcht zu sehen, wie Gott diesen Prozess echter Heilung in meinem Leben und die Versöhnung sowohl mit meinem Vater als auch mit Sue herbeigeführt hat. Nie hätte ich beim Gespräch mit meinem Vater auf die Wiederherstellung meiner Ehe gehofft. Nie hätte ich mir träumen lassen, dass Gott an jenem Abend auf dem Fußboden in Toronto über Bitterkeit in meinem Leben zu mir reden würde. Nie hätte ich ein so liebevolles Pastorenteam zusammenstellen können, das uns mit solcher Unterstützung und ohne uns zu verurteilen, durch den Prozess der Heilung begleitete. Nie hätte ich eine so ehrfurchtgebietende, Leben spendende Umgebung der Erneuerung schaffen können, die mich unter Umständen weitergehen ließ, unter denen ich längst aufgeben wollte.

In seiner Liebe schuf Gott all diese Voraussetzungen. Er liebt uns so, wie wir sind, doch er ist entschlossen, uns nicht so zu lassen, wie wir sind! Ich bin so dankbar, dass er den Wunsch in mir wach werden ließ, zu meinem Vater zu gehen. Und ich werde meinem Vater immer dankbar sein für seine Güte, Demut und Bereitschaft zur Umkehr, durch die er den Heilungsprozess in meinem Leben ganz freisetzte. In all diesen Dingen war Gottes souveräne Hand zu erkennen.

Das Kreuz auf sich nehmen

Obwohl Sue nach meiner Versöhnung mit meinem Vater die positiven Veränderungen in meinem Leben wahrnehmen konnte, dauerte es nicht lange, bis ich erkannte, dass selbst nach Beseitigung der Wurzeln noch viel Arbeit nötig war.

Der Kreislauf der wiederholten Ablehnung war gebrochen, aber ich war immer noch für mein Fehlverhalten und die Folgen meiner Entscheidungen verantwortlich. Das musste ich vor Gott und vor Sue bekennen. Und ich wollte mich nicht mehr mit einem Lippenbekenntnis begnügen, so wie früher. Ich wollte die Gewissheit haben, dass mein Herz verwandelt worden war. Ich wollte wissen, dass ich aufhören konnte, meine Frau und andere geliebte Menschen zurückzuweisen und in irgendeiner Weise zu misshandeln.

Am meisten sehnte ich mich danach, Sue mit der echten emotionalen Intimität und Verletzbarkeit zu begegnen, wie eine von Gott gewollte Ehe sie verdient.

Fasten und beten für ein aufrichtiges Herz

Einige Monate nach der Versöhnung mit meinem Vater spürte ich, dass ich längere Zeit über diese Situation fasten und beten sollte. Zu derselben Zeit erreichte unsere Gemeinde der prophetische Aufruf von Dr. Bill Bright, und wir beschlossen, 40 Tage lang für eine weltweite Erweckung zu fasten und zu beten.

Während die anderen Pastoren und Gemeindemitglieder für Erweckung fasteten, flehte ich zu Gott um die Erweckung meiner Ehe. Ich glaube, diese beiden Ziele widersprachen einander nicht. Ich erkannte, dass wahre

Erweckung immer mit den Bereichen unseres Herzens beginnen muss, die wir Gottes Herrschaft noch nicht untergeordnet haben – und so wandte ich mein Herz zuerst meiner eigenen Familie zu (vgl. Mal 3,23–24).

Ich teilte der Gemeinde mit, dass ich um mehr Liebe in meinem Leben fastete. Vor allem brauchte ich mehr Liebe für Sue und für meine Kinder. Und Gott enttäuschte mich nicht.

Trotz der tief greifenden Heilungserfahrung mit meinem Vater verstand ich nicht ganz, was geschehen war, bis ich für einige Tage verreiste, um weiter zu fasten und zu beten.

Neben meiner Bibel nahm ich einige wichtige Studienunterlagen mit, darunter das Buch »Umgestaltung des inneren Menschen« von John und Paula Sandford und eine Reihe von Lehrkassetten. In den ersten drei Tagen verschlang ich ihre Materialien. Ein großer Teil der Terminologie und der Einsichten dieses Kapitels stammt unmittelbar von den Sandfords, denen viele Menschen und auch ich immer dankbar sein werden!

In diesen Tagen begann Gott, mir Einblick über die Bitterkeit in meinem Leben zu geben; er zeigte mir, dass ich erntete, was ich gesät hatte, und wie wichtig es ist, unsere Eltern zu ehren. Während ich fastete, las und hörte, was er mir zu sagen hatte, offenbarte er mir allmählich die volle Bedeutung dessen, was sich in der Erfahrung mit meinem Vater angedeutet hatte. Vor dem Hintergrund dieser frischen und vertiefenden Offenbarung bereute ich weiter aufrichtig die Art, wie ich meinen Vater und meine Mutter verurteilt hatte, und bat ihn um ein neues Herz – sein Herz.

Außerdem deckte Gott jedes Fehlverhalten auf, das ich gegenüber Sue begangen hatte. Er zeigte mir die harten Reaktionen, für die ich blind gewesen war: wie ich ihre Liebe abgewiesen hatte, wie kritisierend, grob und richtend ich mich verhalten hatte und dass ich sie emotional und geistlich misshandelt hatte. Die Heilung der Wurzeln aus der Beziehung zu meinen Eltern konnte nun zur Grundlage für eine Umkehr werden, die meine Einstellungen und Verhaltensweisen gegenüber meiner Frau und meinen Kindern bleibend veränderte.

Natürlich hatte ich den Wunsch, Sue nach meiner Rückkehr sofort mitzuteilen, was Gott mir offenbart hatte, und auch sie um Vergebung zu bitten; aber ich wollte sicherstellen, dass die Dinge nun anders laufen würden. Ich wollte ihr die Gelegenheit geben, zuerst die Früchte meiner Umkehr zu sehen, bevor ich zu ihr ging. Sie verdiente das Recht, mir ihr Vertrauen und ihre Achtung erst dann neu zu schenken, wenn sie selbst dazu bereit war.

Die Veränderungen setzten sich in meinem Leben fort. Schon nach einem Jahr Eheberatung erklärte Sue unserem Eheberater, wir könnten unsere Sitzungen einstellen, weil entscheidende ungesunde Wurzeln aus der Kindheit bereinigt worden seien und sich schon die ersten Früchte der Gnade und Hoffnung zeigten.

Für mich war dies ein deutliches Zeichen, dass eine bleibende Umgestaltung meines inneren Menschen begonnen hatte. Allerdings war ich mir über den Stand meiner Beziehung zu Sue nicht so sicher, weil ich mich darin in den vergangenen Jahren so oft getäuscht hatte. Die Bestätigung eines objektiven Seelsorgers zu hören, war eine ganz neue Erfahrung!

Eine Woche nach unserer letzten Sitzung beim Eheberater gingen meine Frau und ich zum Essen aus. Wie so oft bat ich erneut um Vergebung. Sue und ich spürten aber beide, dass es diesmal etwas anderes war. Ich weinte in aufrichtiger Reue.

Ich hatte schon wiederholt unter Tränen um Vergebung gebeten, aber nichts hatte sich verändert. Doch diesmal konnte Sue die Aufrichtigkeit spüren, und da sie in den voraufgegangenen 12 Monaten schon Früchte der Veränderung gesehen hatte, begann sie ebenfalls zu weinen. Sie wusste, dass ich mich nun wirklich verändert hatte. Sie kam um den Tisch zu mir, nahm mich in den Arm und küsste mich. Sue vergab mir vollständig. Allmählich blühte das Empfinden von Wärme und inniger Vertrautheit in unserer Beziehung wieder auf.

Eine noch herrlichere Zukunft

Ich will Ihnen nichts vormachen und behaupten, unsere Ehe sei jetzt perfekt. Und es sind auch noch nicht alle Wunden unserer Vergangenheit geheilt. Doch durch die Gnade Gottes arbeiten wir ständig daran, unsere Ehe zu verbessern. Jeden Tag liegt es an uns zu entscheiden, ob wir der Versuchung zur Selbstsucht und zu unseren alten Verhaltensweisen nachgeben oder ob wir in Christus unserem Nächsten den Vorzug geben.

Ich kann aufrichtig sagen, dass unsere Ehe in vielerlei Hinsicht besser ist als je zuvor. Zum ersten Mal sind wir wirklich ehrlich. Zum ersten Mal haben wir Wurzeln aufgedeckt und ausgerissen, die für unsere Ehe sehr gravierend und problematisch waren.

Die wichtigste Ursache meines Gefühls der Ablehnung, die mich in so vielen Bereichen meines Lebens gefangen hielt, ist beseitigt, und ich habe heute eine Freiheit, wie ich sie in 24 Jahren meines Lebens als Christ bzw. in meinen 42 Lebensjahren nie erfahren hatte. Und diese innere Freiheit entwickelt sich zu einer Einheit mit meiner Frau und unseren Kindern, wie wir sie nie gekannt haben, bevor die Erneuerung unser Leben erfasste.

Nun wachsen wir täglich weiter und unsere gegenseitige Liebe vertieft sich mehr und mehr. Jesus Christus hat unsere zerrüttete Ehe wirklich erneuert und uns einen neuen Anfang als Familie geschenkt.

Aber damit ist die Sache nicht beendet. Die einzige Möglichkeit, sein Geschenk zu behalten, besteht darin, es freizügig weiterzugeben. Diese Art der Offenbarung seiner Liebe und Gnade verändert jede meiner Beziehungen, angefangen bei meiner Beziehung zu Gott. Sie verändert zuerst mein Bild von ihm, und dann verändert sie auch, wie ich andere Menschen wahrnehme und wie ich erkenne, was sie sein sollen und können, wenn jeder von uns nach »Wahrheit im Innern« (Ps 51,8; Elberfelder Übersetzung) strebt.

Diese Welle des Heiligen Geistes hat unglaubliche, herrliche Dinge in mein Leben, meine Familie, die *Harvest Rock Church* und sogar in die ganze Welt gebracht.

Wenn ich auf die letzten Jahre seit 1994 zurückschaue, sind es ohne Zweifel die erstaunlichsten meines Lebens. Doch was mich noch mehr erstaunt, ist die Tatsache, dass dies nur die Vorbereitung auf die eigentliche Erweckung ist, die noch eintreten wird!

Diese Tatsache ist es wert, dass ich sie hier wiederhole: Dies ist nur die Vorbereitung auf die größte Erweckung und die umfassendste Ernte in der Geschichte der Kirche!

Wie viel mehr innige Vertrautheit und Transparenz wünscht Jesus sich von uns! Wie viel mehr Ganzheitlichkeit und verwundbare Offenheit ist Gottes Absicht für uns, während er uns immer mehr dahin bringt, mit ihm eins zu werden! Gott beschreibt das Geheimnis der Kirche sogar durch einen Vergleich mit der Ehe zwischen Mann und Frau – die ursprünglich geschaffen wurden, »nackt zu sein, ohne sich voreinander zu schämen« (Ex 2,25). Es war nur angemessen, dass der Herr damit begann, die Fundamente unserer innigsten Beziehungen anzusprechen!

Denn wenn die Ernte kommt, werden wir in so mancher Hinsicht eine Art »Elternschaft« für zahlreiche Neubekehrte übernehmen. Und wir werden uns geistlich nach unserer eigenen Art »fortpflanzen«. Wenn unsere Ehen und innerfamiliären Beziehungen kränkeln, welches Vorbild werden wir dann anderen Menschen bieten und welchen Einfluss werden wir auf die Ernte ausüben?

Die Kirche in Amerika ist noch nicht bereit für diese Ernte, die wir durch die Erweckung erleben werden. Deshalb fordert Gott uns als seine Gemeinde jetzt heraus, so heilig zu sein, wie er heilig ist. Und um wahrhaft heilig zu sein, sollten wir bereit sein, ihm unser Leben wirklich ganz zu unterstellen.

Wahre Buße geschieht, wenn wir verstehen lernen, worauf unser Fehlverhalten basiert. Und genau das ist es, was der Heilige Geist gerade tut. Er hilft uns zu verstehen – sodass es uns wie Schuppen von den Augen fällt. Gott gießt durch dieses Wirken unfassbare Gnade aus, um unser Leben vor ihm zu reinigen und auch in unserem persönlichen Leben und in unseren Familien die Dinge in Ordnung zu bringen.

Neil Anderson und Elmer Towns schreiben dazu in ihrem Buch *Rivers of Revival*:

»Die persönlichen und gemeinschaftlichen Sünden einer Gemeinde werden jede zukünftige Hoffnung auf Gottes Segen oder Erweckung blockieren. Durch eine biblische Bereinigung persönlicher und geistlicher

Konflikte wird Christus im Leben der Menschen, in ihren Ehen und in den Diensten der Gemeinde in den Mittelpunkt gestellt. Auf diese Weise kann der Heilige Geist frei durch die Kirche und ihre Versammlungen fließen und so Erweckung bringen.«[1]

Diese Gnade steht uns nicht nur zur Verfügung, damit wir selbst in unserem Innern frei werden wie nie zuvor, sondern wir können dieselbe Gnade und Freiheit durch Liebe auch anderen Menschen vermitteln. Die vielleicht größte Frucht der noch kommenden gesamten Erneuerung wird in der größeren Offenheit und Liebe bestehen, mit der wir diejenigen erreichen, die Christus erst noch kennen lernen sollen.

Erneuerung wird Wirklichkeit ... einige praktische Vorschläge

- Lesen Sie »Umgestaltung des inneren Menschen« von John und Paula Sandford, *Listening Prayer* von Dave und Linda Olson oder andere Bücher, die Ihnen den Ursprung der Mängel in Ihrer Ehe und in Ihren zwischenmenschlichen Beziehungen aufzeigen.
- Nehmen Sie für Ihr Leben oder Ihre Ehe die Seelsorge eines christlichen Beraters in Anspruch.
- Übernehmen Sie Verantwortung für Ihr Ehe- und Familienleben und geben Sie Rechenschaft darüber.
- Investieren Sie Zeit und Mühe, um Ihre kommunikativen Fähigkeiten im Gespräch mit geliebten Menschen zu entwickeln.
- Lernen Sie, »hörendes Beten« zu praktizieren (siehe oben: Dave und Linda Olson). Bitten Sie Gott kon-

kret, Ihnen eigene Verletzungen und die Wurzeln Ihrer Probleme aufzuzeigen, und beten Sie dann beharrlich bis zur Freisetzung. Nehmen Sie an Seminaren und Schulungen von Christen teil, die eine entsprechende Gabe der Freisetzung haben – wie sie von John und Paula Sandford oder von Dave und Linda Olson geleitet werden.

Kapitel 11

Der Kreislauf der Erweckung

Es war mir ein Anliegen, Sie an meinen wunderbaren Erfahrungen teilhaben zu lassen. Doch mein Herz wird erst dann zur Ruhe kommen, wenn ich auch einen Appell ausgesprochen habe: Die Erneuerung darf nicht das Ziel sein. *Wir müssen vielmehr von der Erneuerung zu einer historischen Erweckung weitergehen.*

Ich glaube, das ist es, was Gott am Herzen liegt. Er gab seinen Sohn, nicht damit nur einige wenige gesegnet werden, sondern damit alle, die an ihn glauben, gerettet werden. Er will alle Menschen, die auf diesem Erdball leben, in seine Familie integrieren. Und Erweckung ist ein wichtiger Schritt, wie Gott dieses Ziel zur Erfüllung bringt.

Einerseits ist eine Erweckung etwas, das Gott souverän bewirkt. Andererseits glaube ich, dass wir die Erweckung vorbereiten können. So wie wir unser Zuhause auf den Besuch eines wichtigen Gastes vorbereiten, so sollten wir auch uns, unsere Gemeinden und unsere Städte auf seine Ankunft vorbereiten. Schließlich ist Erweckung sein Kommen. Was sollten wir also tun und wie sollten wir uns auf die Erweckung vorbereiten?

Meines Erachtens können wir uns am besten vorbereiten, indem wir die in diesem Buch erörterten Aspekte zu einem »Kreislauf der Erweckung« zusammenfassen, wie ich es nennen würde. Wenn wir in einen solchen

Kreislauf einsteigen, werden wir – so glaube ich – in vollerem Umfang auf eine historische Erweckung zugehen. Als Kreislauf bezeichne ich diesen Prozess, weil es den Christen nie bestimmt war, nur vor einer dieser Stufen zur anderen weiterzugehen; wir sollen vielmehr tiefer und tiefer in einen Prozess der Erneuerung und Erweckung eintauchen.

Phase I:
Persönliche Erneuerung empfangen

Ich bin davon überzeugt, dass wir beständig selbst Erneuerung erfahren müssen, während wir für eine historische Erweckung beten, sie ersehnen und vorbereiten. Viele Menschen haben an Orten wie Toronto in Kanada oder Pensacola in Florida Erneuerung erfahren, verloren dann aber aus dem ein oder anderen Grund das Interesse an dieser Form der Erneuerung.

Eine Mentalität, die besagt: »Bin da gewesen; hab's erlebt«, kann uns daran hindern, von der Erneuerung zur Erweckung weiterzugehen. Im 47. Kapitel des Buches Ezechiel wird beschrieben, wie das Wasser im Tempel ansteigt und in einem ständig anwachsenden Strom in das Tote Meer fließt. Beachten Sie, dass Ezechiel sich nicht nur einige Schritte in den Strom wagte, dann das Interesse verlor und wieder hinausstapfte. Er blieb vielmehr im Wasser, bis es so tief war, dass niemand es »durchschreiten konnte« (vgl. Ez 47,1–5).

Wir alle sollten uns nach mehr sehnen! John Arnott schreibt:

»*Wir sagen: ›Oh Heiliger Geist, wir sind nicht zufrieden mit dem, was wir haben. Es ist wunderbar.*

Du hast die Salbung ansteigen lassen. Du hast die Kraft ansteigen lassen, aber, oh Gott, gib uns noch mehr. Lass die Menschen so von dir erfüllt werden, dass wir erleben, wie die Lahmen gehen, die Blinden sehen, die Tauben hören, die Toten auferweckt werden und den Armen der Welt das Evangelium gepredigt wird.‹ Das ist, was Gott von uns möchte.«[1]

Sind wir so erfüllt? Sind wir so hungrig? Ich glaube, Gott möchte, dass wir die erfrischenden Ströme der Erneuerung erfahren und dann im Wasser bleiben, bis der Wasserspiegel den Pegel einer historischen Erweckung erreicht. Die Erneuerung hat zu einer tieferen und umfassenderen Intensität der Beziehung zum Vater geführt. Wie können wir etwas so Herrliches hinter uns zurücklassen? Die Erneuerung vermittelt uns eine frische und mächtige Erfüllung mit dem Heiligen Geist. Warum sollte irgendjemand den Wunsch haben, diesen Zustrom zu unterbinden?

Bedauerlicherweise tun viele genau das. Doch was mich betrifft, so weiß ich, dass ich täglich reichlich von diesem Wasser trinken muss, um überleben zu können und vom Heiligen Geist erfüllt zu bleiben (vgl. Eph 5,18). Ich glaube, keiner von uns bildet da eine Ausnahme! Deshalb werde ich versuchen, in der *Rock Harvest Church* so oft wie möglich Erneuerungsversammlungen anzubieten, obwohl unsere ständigen Veranstaltungen nun schon im vierten Jahr stattfinden.

In ähnlicher Weise bedeutet das ständige Streben nach Erneuerung auch, dass wir den Heiligen Geist willkommen heißen und uns darin treu erweisen, ihn noch offener aufzunehmen, wenn die Erweckung kommt. Gott sagt, wenn wir im Kleinen treu sind, werden wir es auch im Großen sein (vgl. Lk 16,10). Daraus folgt, dass wir die Erneuerung weiter begrüßen und annehmen müssen. Beten Sie so viel, wie Sie können, und empfangen Sie so viel Gebet wie möglich. Suchen Sie die Nähe zu Gott und er wird sich Ihnen nähern. Empfangen Sie von ihm und geben Sie dann weiter, so viel Sie nur können. Wenn Sie noch keine Erneuerung erfahren haben, dann gehen Sie dorthin, wo man für Sie betet und wo Sie durch den Glauben eine neue Erfüllung mit dem Heiligen Geist empfangen können. Wenn wir vom Heiligen Geist erfüllt und in tiefer Liebe mit Jesus verbunden sind, dann haben wir auch die Kraft und den Wunsch, in die nächste Phase des Kreislaufs hineinzukommen.

Phase II:
Anbetung zur Priorität machen

Die zweite Phase im Kreislauf der Erweckung ist Anbetung. Erweckung ist letztlich das Kommen seiner Gegenwart, und Lobpreis lädt Gott ein, denn in der Bibel heißt es, dass er buchstäblich im Lobpreis seines Volkes »thront« (Ps 22,4). Deshalb sagte auch Mose: »Wenn dein Angesicht nicht mitgeht, dann führ uns lieber nicht von hier hinauf!« (Ex 33,15). Mose wollte Gottes greifbare Gegenwart und Herrlichkeit so sehr erfahren, dass er ohne sie gar nicht bereit war loszugehen.

Diese Intensität von Hunger ist ein Geschenk, denn wir werden »satt werden« (Mt 5,6). Es ist ein atemberaubender Segen, Gottes Gegenwart so kommen zu sehen, dass er buchstäblich »die Dinge selbst in die Hand nimmt«, wie es die Priester in 2. Chronik erlebten. Sie konnten nicht einmal ihre priesterlichen Aufgaben wahrnehmen, denn als sie anbeten wollten, kam die greifbare Gegenwart Gottes und erfüllte den Tempel (vgl. 2 Chr 5,2–14).

Ich muss an dieser Stelle auch eine geistliche Spannung erwähnen. Wenn unsere Anbetung echt sein soll, dürfen wir keine anderen Beweggründe haben als nur den Wunsch, beim Herrn zu sein. Wir sollten nicht das

> Gott möchte, dass es uns primär um echte Vertrautheit mit ihm geht und nicht um Erweckung.

Ziel haben, »etwas von ihm zu bekommen«. Gott möchte eine vertraute Beziehung mit uns, und er will, dass wir ihn anbeten, um diese innige Vertrautheit zu entwickeln. Und es ist ein Segen, dass dann, wenn wir Gott tatsächlich im Geist und in der Wahrheit anbeten, schließlich eine Erweckung die Folge ist!

Gott möchte, dass es uns primär um echte Vertrautheit mit ihm geht und nicht um Erweckung. Wir sollen so sein wie Maria, die es vorzog, zu Jesu Füßen zu sitzen und vertraute Gemeinschaft mit ihm zu haben. Oder wie Paulus, der am Ende seines Lebens sagte: »Ich sehe alles als Verlust an, weil die Erkenntnis Christi Jesu, meines Herrn, alles übertrifft. Seinetwegen habe ich alles aufgegeben« (Phil 3,8).

Das Wort »Erkenntnis« bezeichnet in diesem Kontext die tiefe, unvergleichliche Nähe eines Mannes zu seiner Frau. Wenn wir Jesus wahrhaftig anbeten und ihn um seiner selbst willen lieben können – nicht um dessen willen, was er für uns tun kann –, dann haben wir unsere Herzen auf die Erweckung vorbereitet.

Wenn wir aufhören, Erweckung zum wichtigsten Ziel zu erheben, und wenn wir ihn wirklich um seiner selbst willen suchen, dann sind unsere Herzen auf die

Erweckung vorbereitet und die Wahrscheinlichkeit wird groß, dass tatsächlich eine Erweckung eintritt. Ich glaube, wenn wir uns eine Haltung und einen Lebensstil der Anbetung zu Eigen machen, kann Gott uns Erweckung anvertrauen. Wenn wir uns aber mehr nach Erweckung sehnen als nach ihm selbst, machen wir uns der Sünde des Götzendienstes schuldig. Streben Sie also nicht nach Erweckung; legen Sie diesen Wunsch auf den Altar und lassen Sie ihn »sterben«.

Dieses Prinzip, etwas sterben zu lassen, damit Gott es auferwecken kann, ist nicht nur für die weiteren Phasen wichtig, die in diesem Kapitel noch erörtert werden, sondern für alles, was Gott tut! Sie brauchen sich nicht darum zu bemühen, alle sieben Schritte der Vorbereitung zu absolvieren. Vertrauen Sie alle Wünsche Gott an und lassen Sie ihn handeln, wann und wie er möchte.

Phase III: Nach Heiligkeit streben

In der Bibel heißt es: »Strebt voll Eifer nach … der Heiligung, ohne die keiner den Herrn sehen wird« (Hebr 12,14).

Ohne Heiligkeit werden wir also keine Erweckung erleben. In der Geschichte lässt sich beobachten, dass Heiligkeit immer eine wesentliche Voraussetzung für Erweckung war. Charles Finney (1792–1875), ein amerikanischer Evangelist während der zweiten großen Erweckung in Amerika, sagte, Erweckung sei nichts anderes als ein Neubeginn des Gehorsams gegenüber Gott. Auch biblische Beispiele wie in 2. Chronik 7,14; Joel 2,12–32; Apostelgeschichte 2,38 und Apostelgeschichte 3,19 verdeutlichen, dass Buße einer Erweckung vorausgeht.

Lassen Sie mich erklären, was ich mit »heilig sein« meine. In ihrer Stellung als erlöste Menschen sind alle Gläubigen heilig. Die Bibel bezeichnet uns als »eine heilige Nation« (1 Petr 2,9; Elberfelder Übersetzung). Gott möchte aber, dass wir auch in der Praxis heilig sind. In diesem Sinne heilig sind wir, indem wir uns absondern und »die uns so leicht umstrickende Sünde ablegen« (Hebr 12,1; Elberfelder Übersetzung).

Das können wir jedoch nicht aus eigener Kraft. Seien Sie ehrlich vor Gott, und sagen Sie ihm, dass Sie ohne seine Gnade überhaupt keine Sünde überwinden können. Was wir tun können, ist, Gott darum zu bitten, dass er uns zeigt, wo in unserem Leben Sünde ist. Und dann müssen wir für jede Sünde Buße tun, die er uns bewusst macht. »Buße« bedeutet, unser begangenes Fehlverhalten zu bereuen und Gott um Vergebung dafür zu bitten. Und dies ist nicht nur ein einmaliger Akt; jeden Tag sollen wir Gott darum bitten, uns falsche Verhaltens- und Denkweisen zu zeigen, und dafür seine Vergebung suchen. Wenn Sie das tun, wird Gott Ihnen vergeben und Sie von Ihrer Sünde befreien (vgl. 1 Joh 1,9).

Bei mir hört sich dies zum Beispiel folgendermaßen an: »Vater, ich bin wütend über meinen Bruder. Ich kann mich selbst nicht ändern, aber ich komme im Glauben zu dir, um Gnade und Barmherzigkeit zu empfangen. Ich bekenne, das mein Zorn falsch ist, und bitte um deine Vergebung. Ich komme zu deinem Kreuz und bitte dich, mir zu helfen, diesen Zorn zum Kreuz zu bringen. Im Glauben empfange ich deine Vergebung und Befreiung im Namen Jesu.«

Wenn wir mit jedem Fehlverhalten immer so verfahren, lernen wir, ohne Unterlass zu beten und in der Gegenwart des Heiligen Geistes zu bleiben. Ich glaube, dieser kontinuierliche Prozess ist gemeint, wenn es darum geht, rein vor Gott zu leben und Heiligkeit zu praktizieren.

Manchmal sind wir uns unserer Sünden allerdings nicht bewusst, und dann brauchen wir die Hilfe anderer, besonders die Hilfe von Christen mit der Gabe der Seelsorge. Ich empfehle die *Elijah House Ministries,* die von John und Paula Sandford gegründet wurden. Wie ich in den letzten beiden Kapiteln berichtete, haben ihre Lehre und ihr Dienst nicht nur mein Leben verändert, sondern auch das Leben meiner Familie und meiner Gemeinde.

Ein weiterer wichtiger Weg, um Jesus Christus immer ähnlicher zu werden, besteht darin, häufig für sich und die eigene Erneuerung beten zu lassen. Viele Christen haben an Orten der Erneuerung wie Toronto oder Pasadena ein tieferes Werk der Heilung durch den Heiligen Geist erfahren.

Zum Schluss möchte ich noch einen Faktor unserer Heiligung nennen, den ich für entscheidend halte. Wir müssen uns im Gebet mit der Sünde unseres Nächsten identifizieren. Das ist die Art von Buße, wie wir sie bei Daniel (Dan 9) und Nehemia (Neh 2) finden. Hier geht es darum, dass wir uns mit den Sünden der Gemeinde, unserer Stadt und unserer Nation identifizieren. Gott handelte mit Israel wie mit einer Person und fragte immer wieder nach dem einen »Volk«. Individuelle und gemeinsame Buße ist daher eine entscheidende Vorbereitung für eine historische Erweckung.

Phase IV: Für die Verlorenen beten

Ich glaube, jemand hat einmal gesagt, es habe nie eine historische Erweckung gegeben, in der das vereinte Gebet nicht zur wichtigsten Aufgabe erhoben wurde. Wir wissen alle, dass Gebet eine unabdingbare Voraussetzung für Erweckung ist. Aber wie sollen wir beten? Paulus gibt uns die Antwort, indem er sagt: »Mit allem Gebet und Flehen betet zu jeder Zeit im Geist« (Eph 6,18; Elberfelder Übersetzung).

Lassen Sie mich drei Ebenen des Gebets darlegen.

Erstens sollte jeder Gläubige für Erweckung und für die Verlorenen beten (vgl. 1 Tim 2,1ff.). Eine effektive und praktische Art des Gebets in diesem Bereich besteht darin, für unser *oikos* zu beten. *Oikos* ist das griechische Wort für »Haus« oder »Haushalt«. Zu einer solchen Hausgemeinschaft gehörten in der Zeit des Neuen Testaments auch Freunde und Verwandte, die in der Nähe lebten. Als Petrus zum Beispiel kam, um dem Haushalt *(oikos)* des Kornelius zu predigen, hatte dieser »seine Verwandten und seine nächsten Freunde zusammengerufen« (Apg 10,24). Das sind die Menschen, die an jenem Tag zum Glauben an Christus kamen.

Seit Jahren bete ich für mein *oikos* und habe erlebt, dass alle meine Familienmitglieder und Verwandten, die in den Vereinigten Staaten wohnen, zu Christus gekommen sind. Vielleicht schließt Ihr *oikos* auch ein, dass Sie betend durch Ihre Nachbarschaft wandern und Gott darum bitten, dass auch diese Menschen gerettet werden. Ich glaube, es war der große christliche Leiter aus Neuseeland, J. Oswald Sanders, der einmal sagte: »Es ist zu bezweifeln, dass irgendeine Seele ohne das Glaubensgebet eines Heiligen gerettet wird.«

Zweitens würde ich Sie ermutigen, regelmäßig einmütig mit anderen Christen zu beten. In der Bibel heißt es: »Alles, was zwei von euch auf Erden gemeinsam erbitten, werden sie von meinem himmlischen Vater erhalten« (Mt 18,19). In der Einmütigkeit liegt Kraft. Beten Sie also mit anderen Christen zusammen, ob in einer kleinen Gruppe oder in der Gebetsversammlung der Gemeinde.

Drittens halte ich es für wichtig, dass Pastoren gemeinsam für ihre Stadt beten.

Pastoren und apostolische Leiter sind die Torhüter und die höchste Autorität einer Stadt. Es ist von entscheidender Bedeutung, dass sie regelmäßig zum Gebet zusammenkommen. Zu den wirkungsvollsten Dingen, die wir in Los Angeles tun, gehören die Gebetstreffen von *Love L. A.*, die drei- bis viermal im Jahr stattfinden und 200–300 Pastoren im Gebet vereinen. Überall in den Vereinigten Staaten werden Gebetsgruppen für Pastoren gebildet. Ich möchte jeden Pastor unter den Lesern dieses Buchs ermutigen, sich an solchen Gebetstreffen in Ihrer Stadt zu beteiligen.

Ed Silvoso schreibt:

> *»Städte sind zentrale Punkte in Gottes Erlösungsstrategie. Der Missionsbefehl beginnt mit einer Stadt – Jerusalem – und findet seine Erfüllung, wenn eine andere Stadt – das neue Jerusalem – Gottes ewiger Wohnsitz mit seinem Volk wird. Um den Missionsbefehl zu erfüllen, müssen wir alle Städte der Welt mit dem Evangelium erreichen.«*[2]

Phase V: Nach Einheit streben

Der berühmte Evangelist Charles Finney nannte zwei Vorbedingungen, die für eine Erweckung unabdingbar seien: Gebet und Einheit.[3] Dabei sprach er von der Einheit der Gemeinde. Auch der berühmte Erweckungsprediger D. L. Moody, der im 19. Jahrhundert in den Städten evangelisierte, schrieb: »Ich habe noch nie erlebt, dass der Geist Gottes dort wirkt, wo das Volk des Herrn uneins war.«[4]

> Zwei Vorbedingungen sind für eine
> Erweckung unabdingbar:
> Gebet und Einheit. (Charles Finney)

Ich glaube, dass es mehrere Ebenen der Einheit gibt.

Erstens sollen wir uns mit anderen Menschen versöhnen – ohne Wenn und Aber. Unzählige Bibelverse handeln von Vergebung und Versöhnung. Dieser Punkt bedarf keiner weiteren Erörterung. Wir müssen es einfach tun! Es ist notwendig, dass wir uns miteinander versöhnen – Brüder mit Brüdern, Väter mit Söhnen und Ehemänner mit Ehefrauen – und mit allen Menschen Frieden halten, »soweit es [uns] möglich ist« (Röm 12,18).

Zweitens müssen Einheit und Liebe innerhalb einer Ortsgemeinde sichtbar werden. Gott ist dabei, die Gemeinde von übler Nachrede, Tratsch und negativer Kritik zu reinigen. Gegen diese Sünde geht er mit allem Nachdruck vor. Wenn wir weder in den Konflikt noch in seine Lösung einbezogen sind, ist es auch nicht unsere Sache, uns einzumischen. Und wir müssen nicht nur sorgfältig abwägen, was wir sagen, sondern auch, was wir hören. Ich möchte jedem Christen nahelegen, nicht schlecht über seine Pastoren oder die Gemeindeleitung zu sprechen. Spalten Sie den Leib Christi nicht und beschuldigen Sie nicht den, »für den Christus gestorben ist« (Röm 14,15; vgl. 1 Kor 8,11). Bringen Sie keine Anklage gegen einen Ältesten vor, wenn Sie nicht »zwei oder drei Zeugen« dafür haben (1 Tim 5,19). Wir leben in einer ernsten Zeit, in der Gott die gesamte weltweite Gemeinde im Blick hat. Wenn einer leidet, leiden alle mit (vgl. 1 Kor 12,26); deshalb müssen wir alles, was wir über andere sagen und glauben, mit großer Nüchternheit, Demut und Vergebungsbereitschaft abwägen.

Drittens muss Einheit unter den Gläubigen innerhalb einer Stadt herrschen. Ich habe berichtet, was Gott in Argentinien in mir veränderte, und wir müssen lernen, diese Dinge aus Gottes Perspektive zu sehen. Es gibt nur eine Gemeinde, unabhängig von allen denominationellen Abgrenzungen. Wir müssen Buße für jede Arroganz tun, die uns glauben lässt, wir seien besser als andere Gemeinden oder Personengruppen; jedes sektiererische oder ausschließende Verhalten bedarf unserer Buße und Umkehr.

Viertens und letztens glaube ich, dass der Herr von uns auch die Versöhnung zwischen den verschiedenen Rassen verlangt. Ich hörte Billy Graham sagen, dass Rassismus unter den Sünden im Leib Christi an erster Stelle stehe. Wir sollten Buße tun und uns miteinander versöhnen. Wir sollten fortfahren, die Festungen des Rassismus niederzureißen, indem wir durch Liebe und Einheit das Gegenteil praktizieren. Wie wäre es, wenn Sie einen gemeinsamen Gottesdienst mit Christen oder Gemeinden einer anderen Hautfarbe planten? Warum laden Sie nicht einen Christen aus einer anderen Kultur ein, in Ihrer Gemeinde zu predigen oder auf Ihrer Konferenz zu referieren? Wie würden Sie reagieren, wenn Ihr Sohn oder Ihre Tochter nach Hause käme und von der Absicht spräche, einen gläubigen Partner zu heiraten, der eine andere Hautfarbe hat? In solchen Situationen erkennen wir, wo wir wirklich stehen, und wir müssen Gott um Hilfe bitten, damit wir den Rassismus in unseren eigenen Herzen überwinden können.

Phase VI: Die »Netze« vorbereiten

Wir sollten die »Netze« der Ortsgemeinde und in der gesamten christlichen Gemeinschaft vorbereiten. Was wäre, wenn Gott uns von heute auf morgen eine große Ernte schenkte? Was würden wir mit den vielen Menschen machen, die dann in die Gemeinde kämen? Sind unsere Netze vorbereitet? Könnten wir die »Fische« auffangen, sie »reinigen« und für sie sorgen?

Ich wurde während der Jesus-Bewegung errettet, zusammen mit Tausenden anderer. Aber viele von ihnen kehrten dem Glauben wieder den Rücken, weil die Gemeinden nicht in der Lage waren, die Ernte aufzufangen. Wir brauchen Gemeinden, die in der Lage sind, Scharen neubekehrter Christen zu integrieren, zu begleiten, im Jüngerschaftsprozess zu unterstützen und Arbeiter in die Ernte zu senden. Dies setzt einen Prozess der Vorbereitung voraus.

Für die Ernte schulen

Wir in der *Harvest Rock Church* haben eine Möglichkeit herausgefunden, wie wir »die Ernte bewahren« können, das heißt, wie wir die Menschen in unsere Gemeinde integrieren und in ihrem Glauben begleiten können. Wir haben den Alpha-Kurs – einen Grundkurs über den christlichen Glauben – nicht nur eingerichtet, um die Gute Nachricht zu den Nichtchristen zu bringen, sondern auch, um neuen Christen eine solide Grundlage im Glauben zu vermitteln. Wenn die Teilnehmer den Kurs abgeschlossen haben, ermutigen wir sie, zwei Dinge zu tun: erstens sich einer unserer Zellgruppen anzuschließen und zweitens an unseren Schulungen für neue

Gemeindemitglieder teilzunehmen. Durch die Teilnahme an diesen Schulungen ermutigen wir sie nicht nur zur Hingabe an Jesus, sondern auch zu einer verbindlichen Beziehung zur Gemeinde.

Unser Seminar für neue Mitglieder unterstreicht, wie wichtig es ist, an einer Zellgruppe oder einem Hauskreis teilzunehmen. Ich halte das Augenmerk, das Leiter wie Larry Stockhill, Yonggi Cho oder Lawrence Kong auf Zellgruppen legen, für etwas, das der Heilige Geist heute der Gemeinde zu tun aufträgt. Eine Zellstruktur ist der beste Weg, um die Ernte aufzufangen.

Außerdem richten wir einen Infoabend ein, um Mitgliedern zu helfen, sich in irgendeinem Dienst der Gemeinde zu engagieren. Schließlich bieten wir noch eine einjährige *School of Ministry* für diejenigen an, die ernsthaft einer Berufung im Bereich der Gemeindegründung oder Mission nachgehen wollen.

Durch diese ganze Reihe von Angeboten haben Menschen die Möglichkeit, zum Glauben an Christus zu kommen, durch Kleingruppen oder Mitarbeit in das Gemeindeleben integriert zu werden und gegebenenfalls für einen teil- oder vollzeitigen Dienst ausgebildet zu werden.

Es geht mir weniger darum, unser Modell zu empfehlen (wenn es hilft, umso besser), als ein tragfähiges und progressives System aufzuzeigen, das die Ernte bewältigen kann. Ein solches System muss jede Ebene der Ortsgemeinde umfassen und alle Bereiche durchdringen.

Doch das wichtigste Element des Systems besteht darin, Menschen in eine liebevolle Gemeinschaft von Christen aufzunehmen. Menschen sehnen sich nach dem Gefühl der Zugehörigkeit. Viele Teenies fühlen sich ihrer Familie oder Gesellschaft nicht wirklich zugehörig.

Die meisten kennen überhaupt kein Familienleben. Deshalb müssen *wir* diese Ersatzfamilie für Menschen sein, die zu Christus kommen. Die Gemeinde ist zwar auch eine Armee, aber zuerst ist sie eine Familie. Wir sollten die Liebe und Fürsorge einer Familie und das familiäre Bewusstsein vermitteln, die nötig sind, um die Ernte effektiv aufzunehmen.

Mit anderen Gemeinden ein Netzwerk bilden

Ein zweiter Schritt zur Vorbereitung unserer »Netze« für die Ernte besteht darin, dass Sie sich mit anderen Gemeinden Ihrer Stadt zu einem Netzwerk zusammenschließen. Zwischen unseren einzelnen Gemeinden sollte so viel Einheit und Liebe herrschen, dass wir nicht zögern, einem Neubekehrten eine andere Gemeinde zu empfehlen, wenn ihm dort besser gedient werden kann. Und wenn Mitglieder unsere Gemeinde verlassen, um sich einer anderen Gemeinde anzuschließen, sollten wir sie segnen und freilassen, statt sie zu verurteilen oder festhalten zu wollen. Ted Haggard meint dazu:

> *»Unser wichtigstes Ziel ist nicht, dass jede Gemeinde jede Person erreicht. Das wäre unmöglich. Gott würde es nicht zulassen, weil es die Tatsache missachten würde, dass er seine Gemeinde baut. Stattdessen erwartet Gott von uns, dass wir mit unserer speziellen Prägung bestimmte Menschen im Leib Christi ansprechen, während unsere Mitarbeiter wieder andere Gruppen erreichen. Durch die Kraft, die wir aus unseren verschiedenen Prägungen beziehen, können wir die unterschiedlichen Personen unserer näheren Umgebung ansprechen.«*[5]

Vergessen Sie nicht, dass es nur eine Gemeinde – nur einen Leib Christi – in der Stadt gibt. Solange Menschen sich nicht einer Sekte anschließen, sollten wir sie segnen und ihnen das Recht geben, dort Teil einer Gemeinde zu sein, wo sie möchten. Ich glaube, dass wir eine so große Ernte erleben werden, dass sämtliche Gemeinderäumlichkeiten jeder beliebigen Stadt nicht ausreichen werden, um die Ernte aufzufangen – nicht einmal dann, wenn jede Gemeinde mehrere Gottesdienste anbietet! Bestimmt wird es so sein wie bei Petrus, der die anderen Boote (Gemeinden) zu Hilfe rief, um das Netz einholen zu können. Schließen wir uns also in großer Freude zusammen!

Neue Gemeinden pflanzen

Auf einer anderen Ebene geht es darum, möglichst viele neue Gemeinden zu pflanzen. Peter Wagner erklärte, Gemeinden zu pflanzen sei der effektivste Weg, die Gute Nachricht zu den Verlorenen zu bringen.[6] Deshalb haben wir ein apostolisches Netzwerk unter dem Namen *Harvest International Ministries* gebildet, denn wir möchten den Missionsbefehl erfüllen, indem wir möglichst viele Gemeinden gründen, bevor Christus wiederkommt.

Mit vereinten Kräften

Zum Schluss möchte ich die verschiedenen apostolischen Netzwerke, christlichen Organisationen und Denominationen ermutigen, sich zusammenzuschließen und die Ernte mit vereinten Kräften einzuholen. Die Bibel sagt, dass wir unsere Kraft auf diese Weise bis auf das Zehnfache steigern können (vgl. Dtn 32,30)!

Phase VII: Evangelisation und Mission zur Priorität machen

Unabhängig davon, ob wir uns in einer Erweckung befinden oder nicht: Es ist unser Auftrag, die Gute Nachricht an alle Menschen weiterzugeben (vgl. Mk 16,15). Wir können in eine falsche Passivität geraten, wenn wir glauben, dass die Ernte schon kommen wird und wir sie dann nur einzuholen brauchen.

Jeder Landwirt wird Ihnen ganz im Gegenteil sagen, dass zur Zeit der Ernte mehr Arbeit anfällt als zu jeder anderen Jahreszeit. Jesus sagte: »Handelt ... bis ich wiederkomme« (Lk 19,13; Elberfelder Übersetzung). Das bedeutet, dass wir die Werke Jesu tun müssen, solange es noch Tag ist. Es kommt die Nacht, »in der niemand mehr etwas tun kann« (Joh 9,4). Tatsächlich wird die Erweckung dann kommen, wenn wir Gott gehorsam sind. Charles Finney sagte, Erweckung sei nicht mehr als ein Neubeginn des Gehorsams gegenüber Gott; indem wir dem Missionsbefehl Jesu gehorchen, kommen wir der Erweckung einen großen Schritt näher.

Wie schon erwähnt, schätze ich jede Methode der Evangelisation, solange sie effektiv ist. Eine Gebetsevangelisation, wie Ed Silvoso sie empfiehlt, ist ein großartiger Ansatz zum Einstieg. Auch Gemeinden, die besonders auf die Bedürfnisse suchender Menschen eingehen, haben sich als effektiv erwiesen. Ich habe beobachtet, dass es charismatischen Gemeinden schwer fällt, zu Strukturen überzugehen, die auf suchende Menschen zugeschnitten sind. Wenn Sie zu einer charismatischen

Gemeinde gehören, die für die Erneuerung offen ist, würde ich Ihnen empfehlen, den Alpha-Kurs in Erwägung zu ziehen.

Der Alpha-Kurs wurde in einer charismatischen, für die Erneuerung offenen Londoner Gemeinde entwickelt – der *Holy Trinity Church* in Brompton. Er verbindet das Konzept der Freundschaftsevangelisation und der Verkündigung des Evangeliums mit vollmächtiger Evangelisation. Es handelt sich um einen biblischen Grundkurs des Glaubens, der an einem Wochentag stattfindet. Der Abend beginnt mit einem gemeinsamen Essen und einer fröhlichen Zeit der Gemeinschaft, bietet dann eine ausgezeichnete Lehre über Video oder auch persönlich und endet mit einem Austausch in der Kleingruppe. Am Ende des Kurses werden die Teilnehmer zu einer Freizeit eingeladen, wo für sie gebetet wird, damit sie den Heiligen Geist empfangen. Nach zehn Wochen werden sie dazu angehalten, sich einer örtlichen Gemeinde verbindlich anzuschließen und an einer Kleingruppe wie zum Beispiel einem Hauskreis teilzunehmen.

Der Alpha-Kurs ist großartig, weil er völlig auf die Ortsgemeinde zugeschnitten ist, gründlich vorbereitet wurde und vollständig auf Videokassetten vorliegt, falls man nicht genügend Mitarbeiter besitzt, die den Stoff vorstellen können, und damit man nicht jedes Mal »das Rad neu erfinden« muss. Dennoch lässt der Kurs genügend Spielraum, sodass jede Gemeinde ihre eigene Note durch Gruppengespräche, Sketche und gemeinsame Mahlzeiten einbringen kann, die Teil des Gesamtkonzepts sind.[7]

Entscheidend bei der Wahl jedes erfolgreichen Mittels der Evangelisation ist aber, dass wir vom Heiligen Geist erfüllt sind. Jesus sagte: »Ihr werdet die Kraft des

Heiligen Geistes empfangen, der auf euch herabkommen wird; und ihr werdet meine Zeugen sein« (Apg 1,8). Wir müssen so vom Heiligen Geist erfüllt sein, dass Evangelisation der natürliche Ausdruck all dessen wird, was wir sagen und tun. Das führt uns wieder zurück zum ersten Schritt in diesem Kreislauf – der persönlichen Erneuerung. Ich glaube, wenn wir diesen Kreislauf von Erneuerung, Anbetung, Heiligung, Gebet, Einheit, Vorbereitung und Evangelisation fortsetzen, werden wir in eine historische Erweckung hineinkommen und eine große weltweite Ernte erleben. Und was noch wichtiger ist: Wir werden mit jedem Tag einen Schritt weiter an das Ziel gelangen, sein herrliches Angesicht zu schauen!

Anmerkungen

Einführung
[1] John Arnott, »Der Segen des Vaters«, Nürnberg 1996, S. 29.
[2] Winkie Pratney, *Revival: Its Principles and Personalities,* Lafayette 1994, S. 16–17.
[3] Alice Smith, *Beyond the Veil,* Ventura 1997, S. 11.
[4] Bill Bright, *The Coming Revival,* Orlando 1995.
[5] John Arnott, a. a. O., S. 196.
[6] C. Peter Wagner, »Lektionen aus der weltweiten Erweckung«, Mainz-Kastel 1986.

Kapitel 1
[1] Diese international bekannte Erweckung in Amerika begann 1906 in Los Angeles; aus ihr ging die Pfingstbewegung in den Vereinigten Staaten hervor.
[2] *Spread the Fire, Anniversary Issue* 4, Nr. 1, Januar 1998, Toronto.
[3] Dr. Guy Chevreau, *Catch the Fire*, London 1994, Kapitel 4.
[4] John Arnott, »Der Segen des Vaters«, Nürnberg 1996, S. 57–58.
[5] Siehe Chevreau, *Catch the Fire*; John Arnott, »Der Segen des Vaters«; Michael L. Brown, *Let No One Deceive You*, Shippensburg 1997; Wesley Campbell, *Welcoming a Visitation of the Holy Spirit,* Lake Mary 1995.

[6] Arnott, a. a. O., S. 82–110.
[7] Ebd., S. 207.

Kapitel 2
[1] John Arnott, »Der Segen des Vaters«, Nürnberg 1996.

Kapitel 3
[1] Graham Cooke, *Developing Your Prophetic Gifting*, Kent 1994, S. 194.
[2] Michael L. Brown, *Let No One Deceive You*, Shippensburg 1997.
[3] Bill Hamon, *Prophets and Personal Prophecy*, Shippensburg 1987, S. 17.

Kapitel 4
[1] David Cannistraci, *Apostles and the Emerging Apostolic Movement*, Ventura 1996, S. 188.
[2] Ebd., S. 12.
[3] Das Schulungsprogramm ist ausgesprochen praxisorientiert und kostengünstig. Wenn Sie unseren kostenlosen Katalog anfordern möchten, schreiben Sie an: Harvest International School • 1539 E. Howard Street • Pasadena, CA 91104 • USA.

Kapitel 6
[1] John Wimber & Kevin Springer, »Vollmächtige Evangelisation«, Asslar 2000.
[2] C. Peter Wagner, *The Third Wave of the Holy Spirit*, Ann Arbor 1988, S. 87.
[3] George Otis Jr., *The Twillight Labyrinth,* Grand Rapids 1997, S. 261.
[4] Ebd., S. 295.

Kapitel 7
[1] Alice Smith, *Beyond the Veil*, Ventura 1997, S. 39.
[2] Rick Joyner, »Der letzte Aufbruch«, Winterthur 1999², S. 116–118.
[3] Bill Bright, *The Coming Revival,* Orlando 1995, S. 16.
[4] Alice Smith, a. a. O., S. 22.

Kapitel 8
[1] Ed Silvoso, »… dass niemand verloren geht«, Asslar 1999, S. 193.
[2] David Bryant, *The Hope at Hand,* Grand Rapids 1995.

Kapitel 10
[1] Neil T. Anderson und Elmer L. Towns, *Rivers of Revival,* Ventura 1997, S. 24.

Kapitel 11
[1] John Arnott, a. a. O., S. 208.
[2] Ed Silvoso, a. a. O., S. 19.
[3] Charles Finney, *Revival Lectures*, Grand Rapids o. J., S. 349.
[4] Dwight L. Moody, *Secret Power*, Ventura 1987, S. 124.
[5] Ted Haggard, *Primary Purpose,* Lake Mary 1995, S. 93.
[6] C. Peter Wagner, *Church Planting for a Great Harvest,* Ventura 1990.
[7] Die Materialien des Alpha-Kurses sind im Projektion J Verlag, Asslar, erhältlich.